# 오리엔탈리즘의 역사

# 차례
Contents

# 스스로의 재현을 위하여

그들은 자기 스스로를 재현할 수 없고, 재현되어져야 한다.

위의 말은 에드워드 사이드(Edward Said)가 그의 유명한 저서 『오리엔탈리즘 *Orientalism*』에서 제사(題辭)로 삼은 카를 마르크스의 말이다. 여기서 '그들'이란 동양인을 의미한다. 즉, 동양인은 자기 스스로를 재현할 수 없고, 누군가에 의해 재현되어져야 한다는 말이다. 여기서 우리가 인식하지 않을 수 없는 것은 재현의 권위 문제이다. 재현되어진 것은 권위를 가진다. 특히 리얼리티의 재현으로 인정되는 것은 더욱 그러하다. 이렇듯 누구보다도 인류의 평등을 주창한 카를 마르크스조차 동양인에겐 스스로를 재현할 수 있는 권위를 인정하지 않으려 했다. 그것은 아마도 서양인만이 재현의 권위를 가지고 있으며, 동양인은 서양인에 의해 재현되어야 한다는 의미일 것이다.

서양인의 이러한 오만한 사고와 의식에 대해서 준엄한 항의를 했던 책이 에드워드 사이드의 『오리엔탈리즘』이었다. 그는 이 책에서 오리엔탈리즘을 "동양을 지배하고 재구성하며 동양에 대해 권위를 갖기 위한" 서양의 지배담론으로 규정하면서, 해박한 지식으로 분석하고 비판하였다. 그러나 오리엔탈리즘이란 사이드에 의해서 창안된 신조어가 아니며, 사이드가 내린 정의로서만 그 개념이 한정되는 것도 아니다. 그럼에도 불구하고 그동안 우리나라 학계, 또는 지성계의 오리엔탈리즘 논의에서는 그것이 마치 사이드에 의해 창안된 신조어인 양 받아들여지고, 또한 사이드에 의해 내려진 정의로서만 인식되고 통용되는 듯한 인상을 지울 수 없었다. 그러므로 앞에서 인용한 마르크스의 말은 바로 우리들 자신에게 해당되는 말인지도 모른다. 즉, 우리는 우리 스스로가 리얼리티를 재현하지 못하고, 항상 다른 누군가가 재현한 것을 좇아갈 뿐인 것이다.

'오리엔탈리즘'이란 용어는 사이드가 이 말에 특수한 의미를 부여하기 오래전, 이미 19세기 중엽부터 서구에서 사용되어 왔다. 그리고 그것은 서양인들이 동양에 대해 연구하는 학문, 곧 '동양학'이라는 의미 이외에도, 서양이 동양에 반응하는 방식으로 서양 또는 서양인이 동양이나 동양문화에 대해서 갖는 태도나 관념, 이미지, 그리고 서양인이 동양에 대해서 만들어내는 담론이란 뜻을 포괄하고 있다. 그럼에도 불구하고 오리엔탈리즘을 사이드식으로 "동양을 지배하고 재구성하며 동양에 대해 권위를 갖기 위한" 서양의 지배담론으로서만 규정하고 해석하는 데는 상당한 무리가 따를 수 있다.

이 책에서는 오리엔탈리즘에 대한 그런 일부의 오해를 바로잡기 위한 의도가 반영되어 있다. 그리하여 오리엔탈리즘은 사이드의 정의보다 훨씬 더 넓고 다양한 속성을 포괄하고 있는 개념이며, 사이드의 오리엔탈리즘도 그러한 더 넓고 다양한 개념 속에 포함되는 일부 개념에 지나지 않음을 밝히고자 했다. 또한 오리엔탈리즘이 역사적으로 전개되어온 과정과 양상을 특히 18세기 이후 근현대에 초점을 맞춰 중국과 인도의 사상과 종교를 중심으로 살펴보았다.

그리고 21세기 들어 과거에 오리엔탈리즘이 생육할 수 있었던 조건이 변화하거나 사라져버린 현재의 세계상황에서 오리엔탈리즘이 과연 어떠한 양상으로 새롭게 변화할 것인가, 그리고 그 변화하는 오리엔탈리즘의 양상에 어떠한 이름이 부여될 수 있을까를 고민하면서 결론을 정리해보았다. 말하자면 이는 그동안의 여러 가지 논의를 바탕으로 하여 오리엔탈리즘의 실상(리얼리티)에 대해 내 스스로의 재현을 시도해보고자 한 것이다.

# 동양과 서양, 영원한 타자

어원상으로 볼 때 오리엔탈리즘(Orientalism)은 오리엔트(Orient)에서 기원된 말이다. 오리엔트란 라틴어의 오리엔스(oriens)에 해당되는 말로서 '해돋이' '해가 뜨는 방향'이란 뜻에서 발전하여 '동방' 또는 '동양(the East)'을 의미하게 되었다. 이에 비해 해가 지는 서방은 옥시덴스(occidens)로서 이에서 나온 옥시덴트(Occident)는 '서방' 또는 '서양(the West)'을 의미한다. 고대로부터 서양인들은 오리엔트, 즉 동양은 지중해를 경계로 하여 그 동쪽을 가리키는 용어로 사용해왔다.

로마 시대에는 오리엔트가 제국 내의 동부지방은 물론 제국 외부의 동쪽에 있는 다른 나라들을 광범위하게 지칭하는 용어로 사용되었다. 그 후 로마제국이 동서로 분열되고 서유럽이 그들 중심의 세계를 형성해가는 과정에서 자신들을 옥시덴트, 즉 '서방'이라 부르게 되었고, 오리엔트는 이와 대조되는 이질적인 문화를 가진 동방세계라는 뜻이 부가되어 비잔틴 제국과 이슬람 세계로까지 그 범위가 확대되었다. 근대에 들어 유럽인의 지리적 지식이 점차 확대되면서 그 적용범위가 더욱 넓어져서 근동, 중동, 극동 아시아 지역을 총칭하는 용어로 사용되기도 한다.

고대로부터 동양과 서양, 오리엔트와 옥시덴트는 고대인들이 인식한 세계의 전부였고, 그 방향이 서로 대극적인 만큼이나 서로가 서로에 대해 가장 대극적인 타자의 존재일 수밖에 없었다. 동양이 서양에 대한 타자였던 것과 마찬가지로 서양 또한 동양에 대한 타자였다. 동양과 서양이 서로에 대해서 갖는 이러한 대극적인 타자의식은 어느 한 시대에만 국한되는 것이 아닌, 고대에서부터 중세와 근대를 거쳐 현대에 이르기까지 계속되어온 것으로 보아야 할 것이다. 서양인이 동양을 타자로서 바라보는 인식이 어떻게 나타나는지 보도록 하자.

> 스스로를 알고 타자를 아는 자는
> 동양과 서양이 분리될 수 없음을
> 또한 알 것이다.

위는 유명한 괴테의 말이다. 이 말에서 괴테는 동양을 서양의 타자로서 인식하고는 있지만, 주체인 서양과 타자인 동양이 세계를 구성하는 공통의 구성체로서 서로 분리될 수 없는 존재임을 인정한다. 그러나 다음 루드야드 키플링(Rudyard Kipling)의 시, 「동과 서의 발라드 The Ballad of East and West」에 나타난 인식은 이와는 사뭇 다르다.

> 오, 동양은 동양이고, 서양은 서양,
> 그 둘은 결코 만날 수 없으리.
> 신의 위대한 심판의 자리에
> 하늘과 땅이 필히 서게 될 때까지는.

위의 시에서 키플링은 동양을 대극적인 타자로서 인식하는 서양인의 이항 대립적 인식체계를 여지없이 드러낸다. 즉 신과 인간, 하늘과 땅의 관계가 그렇듯이 서양과 동양도 결코 평등한 관계로서는 만날 수 없다는 점을 강조하고 있다.

위의 괴테와 키플링, 두 사람의 관점 사이에 나타나는 상호 모순은 동양에 대한 서양인의 오랜 모순적 인식의 양면성을 보여준다. 서양인에게 동양은 한편으로 동경의 대상이고, 영감의 원천이며, 문화적으로도 우수성을 지니고 있으므로 서양의 불완전함과 결함을 보완하고 반영하는 거울이다. 반면에 알 수 없는 신비와 위협을 내재하고 있는 혼돈과 정체의 세계로서, 이성과 합리성과 과학의 힘이 가해져 깨어나기 전까지는 과거의 정체된 감옥에 갇혀 있는 이방지역을 뜻하기도 한다. 서양이 동양에 대해 갖는 이러한 모순적 인식의 양면성은 먼 이방의 지역이나 그 주민, 곧 타자에 대해서 가지는 어쩔 수 없는 인식의 한계이기도 하다. 그러한 인식의 한계가 타자에 대한 여러 가지 근거 없는 고정관념을 만들어내기도 한다.

그러한 고정관념 중에는 통속적인 선입견이나 편견 혹은 정치적, 종교적인 선전에 묶여 있는 것도 있고, 오도된 학문적 근거에서 발생한 것도 있으며, 정치적, 경제적 목적을 내포한 고의적인 왜곡도 있을 수 있다. 서양인의 수사에 흔히 나타나는 동양적 장려함이라든지, 동양적 관능성 또는 동양인의 미개성이니 잔인성이니 하는 말들은 불확실한 근거에서 주조된 용어들이며, 동양을 흔히 이채롭고 유혹적이라고 보는 인식이나, 동양을 '이국적(exotic)'으로 보는 수사적 표현들 역시 서양적 기준이 만들어낸 단순화된 공식에 불과하다. 서양인들이 동양을 언급하며 흔히 사용하는 '황색 공포(yellow peril)'니, '아시아적 유목민'(Asiatic hordes)이니, '동양적 전제군주제(Oriental despotism)'니 하는 불길하고 위협적이며 혐오스러움이 담긴 용어들은 어쩌면 동양을 바라보는 서양인들 자신의 심리적 투사를 반영한 것인지도 모른다.

동양을 서양과 갈등관계에 있는 어둡고 위협적인 타자로 보는 관념과, 동서양을 두 가지 대조적인 범주로 단순화해서 바라보는 태도는 오랜 역사를 가지고 있다. 그러한 태도는 고대 그리스와 페르시아 사이의 서사적 갈등으로까지 거슬러 올라갈 수 있다. 그것은 자유를 사랑하는 영웅적이고 역동적인 서양과 억압적이고 전제적이며 정체적인 동양 사이의 신화적 대조를 유포한다. 역사가 래거번 아이어(Raghavan Iyer)는 이러한 동서양의 대조를 "영원한 동서양 갈등의 수상쩍은 개념, 사상의 양식과 생활방식에서 나타나는 기본적 이분법의 무모한 가설"이라고 말했다. 최근에 새뮤얼 헌팅턴(Samuel Huntington)은 동서양의 갈등을 보다 넓은 개념의 '문명의 충돌'로서 논증한다. 그것은 서구문명과 다른 문명 사이에는 민족이나 이데올로기적 차이보다 더 깊은 근본적인 문화적 차이가 있으며, 이러한 문화적 차이가 충돌의 원인이 된다는 것을 의미한다.

동서양의 양극성은 명백히 상호 대립적인 형식을 취하기보다 때로는 상호 보충적인 타자의 신화로 나타나기도 한다. 그러한 신화는 어떤 사상가들에 의해서 '동서양의 결혼'이라는 메타포를 창안하게 했는가 하면, 인간 정신의 궁극적 통일이라는 낭만적 메시지를 만들어 내기도 했고, 서양의 합리적이고 윤리적인 정신이 보다 내면적 삶과 직관적 사고를 지향하는 경향이 있는 동양 정신에 의해서 보완될 필요가 있다는 주장이 나오기도 했다. 어떤 사람들에게 동서양의 양극성은 내향적인 경향과 외향적인 경향이라는 대립적이면서 상호 보완적인 정신요소의 융합을, 혹은 동양의 여성적 특질과 서양의 남성적 특질의 균형을 지향하는 보다 조화롭고 완전한 문화적 융합의 가능성을 의미하기도 했다.

그러한 논리가 외견상 그럴싸해 보이는 점도 있지만, 그 이

면에는 의식적으로든 아니든 동양을 서양의 부정적인 보완체로 간주하는 속내가 숨어 있다. 즉, 그것은 동양을 능동적이고 지배적인 성향의 서양을 보완해주는 수동적이고 열등한 짝으로, 합리적이고 남성적인 힘을 가진 서양과 대조를 이루는 정서적이고 여성적인 연약성을 상징하는 문화로 간주하고자 하는 속내이다.

사실 동양 여러 나라의 국민이나 문화는 서양 제국주의의 정치적경제적인 지배와 착취의 대상이 되어 왔고, 흔히 서양인들의 오만한 인종주의적 비하의 대상이 되기도 했다. 서양인에게 동양은 지적문화적 탐구의 대상이 되기도 했지만, 더 직접적으로는 식민적 지배와 착취의 대상이기도 했다. 그 결과 동양은 서양의 열등한 보완체로, 대립적인 타자로, 자신의 우월성을 입증시켜주는 부정적인 특질의 담지자로 간주되어 왔던 것이다.

최근의 탈식민주의 연구는 동양에 대한 서양의 이러한 태도가 제국의 실제 역사 속에서뿐만 아니라, 공식적인 식민주의 법률이나 장치가 해제된 이후에도 서양 담론의 여러 가지 층위 속에 각인되어 있음에 주목해왔다. 그리하여 서양의 식민주의는 공식적인 식민주의가 끝난 이후에도 여전히 살아 있는 것이다. 사실상 동양에 대한 서양의 태도에는 뿌리 깊은 양면성이 있다. 동양에 대한 서양의 의식적인 태도나 의도가 친절하고 호의적으로 나타나는 곳에서조차도 동양이 서양의 목적에 이용당해왔다는 혐의를 피하기 힘들다. 때문에 에드워드 사이드 같은 학자는 동서양의 관계가 아무리 정신적이고 고상한 형태로 나타난다 하더라도 반드시 "권력과 지배와 여러 가지 다양한 정도의 복합적 헤게모니의 관계"로 이해해야 한다고 주장한다.

그러므로 동서양의 관계는 영원한 상호 타자의 관계일 수밖에 없는 것 같다. 고대로부터 현대에 이르기까지 동서양의 거리는 꾸준히 좁혀져왔고, 상호 대화와 이해의 정도 또한 높아진 것이 사실이다. 그러는 과정에서 상호 이해와 존중과 융합의 필요성이 제시되기도 했다. 그러나 그럼에도 불구하고 '동양은 동양이고, 서양은 서양'이라는 자기 정체성에 대한 의식, 곧 주체로서의 의식이 소멸되지 않는 한, 상대를 타자로서 바라보는 의식 역시 사라질 수는 없다. 그런 의미에서 동양과 서양은 영원한 상호 타자의 관계를 넘어설 수 없는 것 같다.

# 오리엔탈리즘의 정의

## 서양의 담론, 오리엔탈리즘

'오리엔탈리즘'은 '오리엔트'에 '이즘'이 합성된 용어이긴 하지만, 결코 오리엔트가 주체가 되어 생성된 용어가 아니다. 다시 말하면, 오리엔트가 아닌 옥시덴트가 주체가 되어 주체인 서양이 타자인 동양에 대해서 나타내는 반응이나 태도를 의미한다. 즉, 그것은 서양이 동양에 관계하는 방식으로서 서양 또는 서양인이 동양 또는 동양인에 대해서 가지는 태도나 관념, 이미지 그리고 서양인이 동양에 대해서 만들어내는 담론이란 뜻을 포괄하고 있다. 쿠던(J. A. Cuddon)은 오리엔탈리즘의 정의를 아래와 같이 내리고 있다.

유럽과 서양에 의해서 발견되고, 기록되고, 서술되고, 정의되고, 상상되고, 생산되고 어떤 면에서는 '창안되어진' 동양에 속하는 용어. 문학에 관한 한 그것은 동양에 대한 서양의 담론을 가리키는데, 르네상스와 특히 18세기 이래 축적되어온 문학적, 사회학적, 자연과학적, 역사적, 언어학적/문헌학적, 정치적, 인류학적, 지형학적 텍스트의 거대한 집성을 포괄하며, 동양에서는 서양에 대한 이러한 대칭상대(counterpart)가 존재하지 않는다. 모든 면에서 이러한 담론은 에드워드 사이드가 그의 놀라운 책 『오리엔탈리즘』에서 말한 것처럼 '텍스트의 세계'에 모인다. 그것은 또한 동양에 대한 서양의 태도를 가리킨다. 즉 동양을 들여다보고/방관하고/바라보는 ─ 사실상 동양을 '관찰하고', 동양을 설명하고, 해석하려고 하는 ─ (아웃사이더로서의) 서양을 가리킨다.

이상에서 보인 정의를 바탕으로 우리는 오리엔탈리즘에 대한 이해를 보다 명확히 하기 위한 몇 가지 사실을 체계적으로 정리해볼 필요를 느낀다. 우선 첫째로 인식해야 할 사항은 '오리엔탈리즘'이란 용어와 개념을 성립시키는 주체가 동양이 아닌 서양이라는 점이다. 따라서 이 개념에서는 동양은 객체요, 타자로서 주체에 의하여 관찰되고, 탐구되고, 정의되는 수동적인 입장에 놓인다는 점이다.

둘째로 그것은 엄청나게 다양하고 복합적인 성격을 지닌 개념이라는 점이다. 왜냐하면 이미 앞에서도 살펴보았지만,

'오리엔트' 그 자체의 지형학적 의미가 벌써 엄청나게 광범위하고 다양한 여러 지역을 포괄하고 있으므로, 그 여러 지역들에 대한 관점이나 태도 역시 다양한 반응으로 나타날 수밖에 없다. 오리엔탈리즘의 다양하고 복합적인 성격은 오리엔트 그 자체의 지형학적 다양성에서만 오는 것이 아니다. 오리엔탈리즘은 서양이 동양에 대해 가지는 단순한 관점이나 태도일 수도 있고, 보다 구체적인 담론일 수도 있고, 특수한 예술적인 취향일 수도 있으며, 고도로 전문적인 학술연구나 기록의 형태일 수도 있다. 한 마디로 그것은 서양이 동양이란 대상에 대해서 나타내는 반응들의 총체인 셈이다. 즉, 오리엔탈리즘은 엄청나게 다양하고 복합적인 성격과 의미를 내포하고 있어서, 쉽고 단순하게 접근하기가 어려운 개념일 수밖에 없다.

셋째로는 오리엔탈리즘이 발생된 시기의 문제인데, 이것 역시 단순한 문제가 아니다. 쿠던은 "담론으로서의 오리엔탈리즘은 1312년 비엔(Vienne) 교회협의회가 옥스퍼드, 파리, 아비뇽, 살라망카 대학에 아라비아어, 그리스어, 히브리어, 시리아어 연속강좌를 개설하기로 했던 결정과 함께 정식으로 존재하기 시작했다고 믿는다"고 했고, 에드워드 사이드도 그의 『오리엔탈리즘』에서 이 점을 확인하고 있다. 그러나 이는 담론 또는 학문으로서 발생한 오리엔탈리즘 경우이고, 보다 더 넓고 포괄적인 개념, 즉 하나의 문화적 전통으로서 나타나는 오리엔탈리즘의 기원은 동서양 교섭사의 기원으로까지 거슬러 올라간다고 볼 수 있다. 서양 역사로 보면, 그것은 고대 그리스,

로마 시대로까지 소급될 수 있고, 그 후 중세와 르네상스를 거쳐 근대와 현대에까지 이르고 있다고 보아야 할 것이다.

그러나 '오리엔탈리즘'이란 용어가 실제로 생겨난 것은 훨씬 뒤의 일이다. 클라크는 그 용어가 처음으로 나타난 것은 1830년대 프랑스에서였다고 한다. 그 후 오리엔탈리즘은 여러 가지 다양한 의미로 사용되었다. 즉 그것은 동양학을 가리키기도 하고, 어떤 장르의 낭만적 환상문학이나, 어떤 장르의 이국적 그림의 특징을 나타내는 말로 사용되었는가 하면, 최근에는 주로 서구 제국주의의 산물로서 동양에 대한 이데올로기적 한계를 설정하는 용어로 사용되기도 했다. 특히 후자는 주로 에드워드 사이드가 설정한 개념으로, 오늘날의 탈식민주의 이론과도 깊이 관련된다.

## 사이드와 오리엔탈리즘

에드워드 사이드는 팔레스타인인으로서 1935년 예루살렘에서 태어났다. 팔레스타인이 이스라엘에 점령당하자 그는 이집트와 레바논에서 어린 시절을 보낸 후 미국으로 건너가 교육을 받고, 1963년 이래 미국의 명문 컬럼비아 대학 교수가 되어 영문학과 비교문학을 가르쳐왔다. 1978년에 출판된 그의 『오리엔탈리즘』이란 저서는 그를 일약 세계적인 지적 논쟁의 중심인물로 만들었다. 그는 이 책에서 '오리엔달리즘'이란 용어를 서양이 동양을 재현하는 방식에 대한 강력한 비판의 수단으로 사용하였다. 그는 "오리엔탈리즘이란 서양인의 경험 속에서 동양의 특수한 위치에 근거하여 동양에 관계하는 방식"이며, 그 목적은 "동양을 지배하고, 재구성하며, 동양에 대해 권위를 갖기 위한" 서양의 지배담론으로 규정한다. 사이드는 또 오리엔탈리즘이 학문 또는 학술제도와 가장 쉽사리 관련된다고 지적하면서, "인류학자이든 사회학자이든 역사학자이든, 혹은 문헌학자이든 간에, 또는 특수한 양상이든, 일반적인 양상이든 간에 그가 동양(오리엔트)에 대해서 가르치거나, 저술하거나, 연구하는 사람이라면 누구든지 오리엔탈리스트이고, 오리엔탈리스트가 행하는 것이 곧 오리엔탈리즘"이라고 말한다.

이 책에서 사이드의 관심은 동양 중에서도 주로 중동의 이슬람 세계에 놓인다. 그의 논의는 영국과 프랑스와 미국의 학자들이 중동과 북아프리카의 아랍사회를 어떻게 취급해왔는가에 주로 국한된다. 그는 그 외의 동양, 예컨대 히브리, 페르시아, 터키, 인도 그리고 극동지역을 다루거나 유럽의 다른 나라, 예컨대 독일, 러시아, 이탈리아, 스페인, 포르투갈 등에 퍼져 있는 오리엔탈리스트의 태도를 논의하지는 않았다. 그가 취급하는 시기 역시 18세기 후기에서 현대까지로 제한된다. 하지만 이 책과 관련하여 일어난 지적 논쟁의 범위는 엄청나게 확대되었는데, 예를 들면 다문화주의, 탈식민주의, 담론이론, 그리고 포스트모더니즘 등도 이와 관련된 지적 논쟁의 범주에 포함되었고, 유럽과 타자와의 관계에 대한 논쟁도 재연

되기에 이르렀다. 그 결과 동서양의 관련성에 대한 그 어떤 연구도 사이드의 이 책이 촉발시킨 논쟁을 피할 수 없게 되었다. 그의 책에서 그가 주장하는 논의의 요지를 다음 세 가지로 정리해볼 수 있다.

첫째는 오리엔탈리즘이 객관적이고 공평무사하고 다소 비교(秘敎)적인 분야로 전해지고 있지만, 사실은 동양에 대한 서양의 정치적 목적에 봉사하는 기능을 수행해왔다는 것이다. 그러한 정치적 목적이란 다름 아니라 서양이 동양을 "이해하고, 경우에 따라서는 지배하고 조종하고 통합하고자 하는 일정한 의지나 의도"를 내포하는 제국주의적 목적이다. 사이드의 이러한 주장은 한때 영국의 인도 총독을 역임했던 커전 경(Lord George Nathaniel Curzon, 1859~1925)과 같은 제국주의 행정 관료가 "동양인의 언어뿐만 아니라 그들의 관습과 그들의 감정, 그들의 전통, 그들의 역사와 종교를 제대로 아는 것, 이른바 동양의 진수를 이해하는 우리의 능력은 우리가 획득한 위치를 미래에도 유지할 수 있게 하는 유일한 토대"이며, 그런 의미에서 "동양연구는 지적 사치"가 아니라 "위대한 제국의 의무"라고 하는 말에서 충분히 입증된다.

그의 두 번째 주장은 서양이 동양이라는 상대적인 '타자의 이미지'를 설정함으로써 서양 스스로의 자아 이미지를 정의하는 데 도움을 주었다는 점이나. 사이느는 모는 시대, 모든 사회에서 자아 정체성을 구축하려면 상대자, 즉 '타자'의 존재가 필수적이라고 주장한다. 모든 문화의 발전과 유지는 '타자(alter ego)'의 존재를 요구하기 때문이다. 그리하여 "동양은 유럽(혹은 서양)이 스스로와 대조적인 이미지, 관념, 개성, 경험을 갖는 존재로 자신을 정의하는 데 도움을 주어왔다"고 말한다. 오리엔탈리즘에서 서양이 자신의 부정적인 내면을 투사시켜 만들어낸 자신과 대조적인 동양의 이미지는 변화가 없고, 정체적이고 획일적이며, 자기 스스로를 대변할 능력이 없는 열등한 타자였다. 이것은 유럽으로 하여금 스스로의 지적, 문화적 우월감을 갖게 했다. 그 결과 서양은 동양에 비해 스스로를 역동적이고 창의적이며 팽창적인 문화로 자부했으며, 그 자체로 서양의 제국주의적 자만심의 근거가 되었다.

서양의 많은 지식인들이 동양에 대한 편견을 드러내고 있지만, 특히 샤토브리앙(Chateaubriand)과 같은 프랑스 작가는 그러한 편견을 대표한다. 그는 그의 동양여행기[1]에서 자신이 만난 아랍인들은 참으로 저속하고 야만적이어서 유럽이 그들을 정복하는 것은 당연하며, 십자군은 '침략'이 아니라 '반격'이며 '해방'이었다고 주장한다. 그는 또 그들은 자유의 의미를 모르기 때문에 유럽이 동양에 자유의 의미를 가르쳐주어야 한다고 하면서 "동양인은 정복될 필요가 있으며, 서양인에 의한 동양정복은 정복이 아니라 해방이라고 하는 논리에 아무런 모순도 느끼지 못하는" 유럽인을 대표한다. 따라서 사이드는 샤토브리앙이야말로 서구 제국주의를 위해 정당한 토대를 제공했다고 말한다.

세 번째로 사이드는 오리엔탈리즘이 아랍인들과 이슬람 문화를 허식적으로 설명하는 오류에 빠지고 있음을 지적한다. 이는 우선 서양인들이 아랍인들과 이슬람 문화의 본질주의적인 특질을 정의하는 것이 가능하다는 믿음에서 생겨나는데, 이러한 특질은 하나같이 부정적인 용어로 나타난다고 사이드는 지적한다. 과학이나 예술, 상업의 영역에서 동양은 서양에 비해 후천적인 지역으로 정의되었다. 즉, "관능성, 전제적 경향, 도착적 심리, 부정확한 습관, 후진성" 등이 모두 동양적 특질을 정의하는 데 사용되는 용어들이다. 사이드에 따르면, 이러한 접근이 오류를 범하는 것은 우선 '이슬람 사회' '아랍 정신' '동양적 정신'과 같은 본질주의적 성격이 존재한다는 믿음 때문이다. 그러나 오늘날 그 누구도 유대인이나 흑인에 대해서 그러한 본질주의적 타성어를 감히 사용할 수 없는 것과 마찬가지로, 아랍이나 이슬람 문화에 대해서도 그러한 본질주의적 접근은 허위이며 오류일 수밖에 없다.

　오리엔탈리즘의 결점은 오리엔트의 분석에만 국한되지 않는다. 사이드는 토착 미국인이나 아프리카인에 대해서 구축된 유사한 지식에도 이와 상응하는 경향이 있어왔다고 주장한다. 거기에서도 학문적 공평성이라는 허구성에 근거하여 그들의 사고체계를 부정하고, 억압하고, 왜곡시키는 고질적 경향이 나타난다. 달리 말하면, 사이드는 이슬람과 아랍에 대한 유럽인의 태도를 비판함과 동시에 모는 '타자에 대한 담론'의 분석을 위한 모델로서 그의 저서를 제시한다.

그러나 이 저서는 사이드 자신이 인정하듯이 전적으로 독창적인 것만은 아니다. 그것은 두 가지 서로 다른 명제의 정교한 종합이다.

한 가지는 1960년대 유럽에서 발표되었던 이집트의 사회학자 안와르 압델 말렉(Anwar Abdel Malek)의 글이다. 그는 서구의 오리엔탈리스트들이 "유럽중심주의에 빠져서(Europocentric)" 자기와 같은 아랍 학자들에게 관심이 없으며, 모든 동양인들을 "본질주의자의 특성을 구성하는 타자성"으로 낙인찍어버린다고 비난했다.

사이드의 영감의 또 다른 한 가지 원천은 역시 60년대 파리에서 출판된 미셸 푸코(Michel Foucault)의 저작이었다. 푸코는 그의 저작에서 학문적 훈련은 단순히 지식을 생산할 뿐만 아니라 또한 권력을 생산한다고 주장했다. 사이드는 푸코의 이런 주장을 이용하여 오리엔탈리즘이 유럽의 제국주의 권력을 생산하는 데 기여했다는 주장을 논증한다. "현대 문헌학의 역사에서 권력과 지식 사이의 병치가 오리엔탈리즘의 경우보다 더 놀랍게 이루어지는 곳은 없다"고 사이드는 말한다. 그는 또한 푸코에게서 학문이 제도와 결탁하여 권력을 생산한다는 '담론(discourse)'의 개념을 빌려왔다. 하나의 담론 안에서 모든 '재현(representation)'은 언어와 문화와 제도와 재현 주체의 정치적 입장에 의해서 구성된다. 그리하여 사이드는 단지 담론의 구성물이나 변형이 있을 뿐, 어떠한 '진리'도 있을 수 없다고 말한다.

어쨌든 이 책에서 사이드가 구사한 전략은 놀라울 정도로 성공을 거두었다. 이제 이 책이 나온 지 20여 년이 지난 지금 그는 문학비평에서, 탈식민주의 정치학에서, 다문화주의 운동에서의 선구자로 인정을 받는다. 그러나 사이드의 오리엔탈리즘에 대한 반론이 없는 것은 아니다. 사이드의 이 책 이후에 나온 오리엔탈리즘에 관한 여러 논의들 중에는 사이드의 관점을 어느 정도 인정하면서도, 비판을 가하는 견해 또한 적지 않다.

## '사이드의 오리엔탈리즘'에 대한 비판

사이드의 오리엔탈리즘에 대한 비판은 우선 오리엔탈리즘을 동양에 대한 서양의 지배와 권력행사를 위한 담론이라는 단선적인 논리로 해석하는 데 대한 의문에서 출발한다. 이러한 관점은 최근에 와서 오리엔탈리즘을 보다 다원적이고 복합적인 접근방식으로 보아야 한다는 몇몇 학자들의 도전을 받고 있다. 예를 들면, 리사 로(Lisa Lowe)는 오리엔탈리즘이 오리엔트를 옥시덴트의 타자로서 단선적으로 구성하는 가설에 의문을 제기한다. 그녀는 "오리엔탈리즘이란 단일하게 발전된 하나의 전통이 아니라 매우 이질적인 전통"이라며, 오리엔탈리즘을 사이드처럼 하나의 일관된 개념으로 보는 것에 난색을 표명한다. 역사가 로잔 로처(Rosanne Rocher) 또한 사이드의 『오리엔탈리즘』이 시간적공간적 차이도 없이 정치적사회

적지적인 동일성을 관통하는 "하나의 단일한 담론"을 창조했다고 비판한다.

확실히 오리엔탈리즘은 고정적이고, 단선적이고, 통일적인 제재를 구성하는 단순한 용어가 아니다. 그리고 지난 수세기에 걸쳐 아시아적 사상이나 동양적 전통에 대한 서구적 태도에도 다양한 반응이 있어왔고, 오리엔탈리스트들 역시 종교적이고 정신적인 면에서부터 정치적이고 과학적인 면에 이르기까지 다양한 관점을 지니고 있다. 사실 오리엔트 그 자체를 단일한 한 가지 실체로서 취급하는 것은 위험한 일이다. '동양(East)'이니, '오리엔트(Orient)'니, '서양(West)'이니 하는 용어들 자체가 사실 무한한 복합성과 다양성을 내포하고 있는 개념이기 때문이다.

따라서 오리엔탈리즘을 사이드의 정의로서만 한정하는 것 역시 위험한 일이 아닐 수 없다. 아더 버스루이스(Arthur Versluis)는 사이드의 『오리엔탈리즘』에 대해 "그것은 의심할 바 없이 하나의 획기적인 책"이나 그 나름의 한계를 가지고 있다고 지적하면서, 오리엔탈리즘은 아시아를 보는 단일한 방식이 아니라 다양한 방식임을 아래와 같이 강조한다.

오리엔탈리즘은 아시아를 보는 단일한 방식이 아니라, 다양한 방식이다. 일반적으로 초절주의자들(Transcendentalists)은 아시아의 종교나 문화를 긍정적으로 보았고, 세계의 종교로부터 배우고, 그것을 이해하기를 바랐다. 그러나 초절주의자들이 여러 종류가 있었던 것처럼 오리엔탈리즘에도 여러 가지 이질적인 종류가 있다. 편의상 우리는 이들 오리엔탈리즘의 종류를…… 아시아의 종교나 문화나 국민들을 경시하는 부정적 오리엔탈리즘(negative Orientalism)과 아시아의 종교나 문화를 가치 있고, 영원한 진리를 반영하는 것으로 보는 긍정적 오리엔탈리즘(positive Orientalism)으로 범주를 설정할 수 있을 것이다.

클라크(J. J. Clarke) 역시 오리엔탈리즘에 대해서 사이드의 논의에 도움을 입고 있음을 인정하면서도, 그의 견해에 전적으로 동조하지 않는 이들 가운데 한 사람이다. 그는 그의 최근의 저서 『동양의 각성 *Oriental Enlightenment*』에서 다음과 같이 말한다.

나의 이 책이 사이드에게 빚을 지고는 있지만, 어떤 중요한 점에서 그의 책과는 다른 길을 따를 것이다. 사이드가 오리엔탈리즘을 서구 자유주의의 강력한 이데올로기적 비판을 위한 토대로 사용하면서 그것을 어두운 색조로 물들인 곳에서 나는 어둡고 밝은 양면의 보다 광범위한 태도를 벗겨서 보다 풍요롭고 때로는 보다 긍정적인 오리엔탈리즘을 재발견하는 데 그것을 사용할 것이다.

이처럼 사이드의 『오리엔탈리즘』이 오리엔탈리즘의 한 가지 개념을 정의하는 데는 성공하고 있으나, 그것의 다양하고 복합적인 개념을 온전하게 담아내는 데는 어쩔 수 없는 한계를 보이고 있음을 부정할 수 없다. 버스루이스의 지적에 따르면 사이드의 오리엔탈리즘은 '부정적 오리엔탈리즘'이라는 범주에 해당된다. 사이드의 오리엔탈리즘이 한계를 보이는 데는 나름대로 몇 가지 이유가 있다고 여겨진다.

첫째, 사이드의 저서에는 어딘가 피해 의식적인 어조가 감지된다. "내가 이 연구를 시작하게 된 개인적인 동기는 두 개의 영국 식민지에서 어린 시절을 보낸 나의 '동양인' 의식에 있었다. 이러한 식민지(팔레스타인과 이집트)와 그 후 미국에서 내가 받은 모든 교육은 서구적인 것이었다. 그런데도 어린 시절의 그 뿌리 깊은 나의 동양인 의식은 변함없이 지속되었다"는 그의 진술 속에 이미 이러한 피해 의식적 어조가 묻어나고 있다. 그렇다고 사이드의 피해 의식이 부당하다거나 신경증적이라는 것은 아니다. 그것은 그 나름대로 정당한 이유와 건강한 논리적 바탕을 갖고 있다. 단지 여기서 지적하고 싶은 것은 자칫 이러한 피해 의식적 동기나 토대가 그의 이론이 보다 넓은 객관성과 보편성을 획득하는 데 한계로 작용할 수 있음을 지적하자는 것이다.

둘째, 그가 중동인이므로 그의 저서에서 설정한 지리적 경계와 분석의 대상이 주로 중동, 즉 이슬람 문화권에 국한되고 있다는 점이다. 중동은 동양의 일부에 지나지 않고, 특히 중동의 이슬람 문화권과 유럽과의 관계는 지리적으로 가장 근접해 있지만, 가장 적대적이고 배타적인 관계였으며 그러한 관계는 지금까지 지속되고 있다. 따라서 중동에 대한 유럽인들의 태도나 관념은 인도나 중국, 일본에 대해서 갖는 태도나 관념과는 상당한 차이가 있을 수 있으므로, 이를 하나의 단일한 오리엔탈리즘 속에 환원하는 것은 상당한 무리가 따를 수 있다. 자오밍 퀴안(Zhaoming Qian)도 그의 저서 『오리엔탈리즘과 모더니즘 *Orientalism and Modernism*』의 「서문」에서 "이 연구에서 나는 오리엔탈리즘이란 용어를 에드워드 사이드와는 여러 가지 면에서 다르게 사용한다. 사이드에게 오리엔트는 특히 무슬림 오리엔트이다. 나에게 그것은 극동, 특히 중국이다"라고 말하는데, 이는 중동의 무슬림 오리엔트를 분석대상으로 삼은 사이드의 오리엔탈리즘과 중국을 대상으로 한 오리엔탈리즘이 같을 수 없음을 전제하는 것이다.

셋째, 사이드의 오리엔탈리즘이 갖는 또 한 가지 한계는 그가 오리엔탈리즘의 분석 대상을 공간적으로 주로 중동에 국한한 것뿐만 아니라 시간적으로도 르네상스 이후 근 현대에 주로 한정했다는 점이다. 사이드는 서양에서 오리엔탈리즘이 학문적으로 출발하는 시기를 1312년 비엔 교회협의회에서 당시 유럽의 주요 대학에 아라비아어, 히브리어, 시리아어 등 일련의 동양어 강좌를 설치하는 것을 결정한 시점으로 잡고 있다. 서양에서 오리엔탈리즘이 학문적으로 출발하게 되는 것은 그렇다 하더라도, 오리엔탈리즘의 개념을 보다 확대시켜볼 때 그 기원의 역사는 동서양 교섭사의 기원으로까지 거슬러 올라갈 수 있다. 서양 역사로 보면 그것은 고대 그리스, 로마시대로까지 소급될 수 있고, 그리하여 그것은 하나의 문화적 전통으로 오늘날까지 이어지고 있는 것이다. 사이드는 그의 저서에서 이 점을 소홀히 하고 있다.

마지막으로 지적할 것은 서양이 동양과 관계함으로써 오리엔탈리즘을 생성해온 지역적 범주의 한계이다. 이는 사이드 자신이 그의 책에서 "미국인과 달리 프랑스인과 영국인은—그들과 같은 정도는 아니라 하더라도 독일인, 러시아인, 스페인인, 포르투갈인, 이탈리아인, 스위스인—내가 이른바 '오리엔탈리즘'이라고 부르는 것에 대한 오랜 전통을 가지고 있다"고 한 데서 스스로 인정하고 있듯이 사이드의 오리엔탈리즘은 바로 18~19세기에는 영국과 프랑스를, 20세기에는 미국을 주로 분석의 대상으로 삼음으로써 그들보다는 정도가 덜하더라도 동양과 관계해온 기타 다른 나라의 경험을 배제해버린 점이다.

# 오리엔탈리즘의 용어들

　지금까지 사이드의 오리엔탈리즘이 지닌 한계를 살펴보았다.　이제 그러한 한계를 넘어 오리엔탈리즘의 개념을 보다 다원적으로 이해하는 데 참고가 될 수 있는 용어들을 살펴보고자 한다. 그러기 위해서도 우선 그 출발은 사이드의 오리엔탈리즘에서부터 시작하게 된다. 사이드는 그의 책 제3장에서 두 가지 오리엔탈리즘의 용어를 병치시키고 있는데, 그것은 '잠재적 오리엔탈리즘(Latent Orientalism)'과 '명시적 오리엔탈리즘(Manifest Orientalism)'이다. 그는 다음과 같이 말한다.

　　내가 잠재적 오리엔탈리즘이라고 부를 수 있는 거의 무의식적인, 그리고 틀림없이 불가촉적(不可觸的)인 확신과 명시적 오리엔탈리즘이라고 부를 수 있는, 동양사회와 언어, 문학, 역사, 사회학, 기타에 관해서 다양하게 명시된 관점들을 나는 실제로 구별하고 있다. 동양의 지식에서 변화가 생긴다면, 그것은 거의 전적으로 명시적 오리엔탈리즘에서 발견된다. 잠재적 오리엔탈리즘의 획일성, 불변성, 지속성은 거의 항구적이다.

다소 애매한 점이 있지만 사이드가 잠재적 오리엔탈리즘이라고 부르는 것은 말하자면 동양에 대해 서양인이 가지는 무의식적인 확신이며 변하지 않는 고정관념인데, 이는 밖으로 표출되지 않고 잠복되어 있다. 그러나 무의식이 비록 잠복되어 있지만, 행위의 숨은 원인이 되는 것과 같은 원리가 여기에도 적용된다. 그것은 오리엔트를 서양과는 다른 이국적이고 이질적인 대상, 괴상하고 후진적이며 관능적이고 수동적인 특성을 지닌, 그래서 서양에 의해 지배되고 교정되어야 할 열등한 타자로 보는 의식으로서 이것은 거의 변함없이 서양인의 무의식 속에 내면화되어왔다.

이에 비해 명시적 오리엔탈리즘은 잠재적 오리엔탈리즘을 말과 행동으로 표현한 것인데, 그것은 동양에 대한 새로운 지식과 정보에 따라 변화를 수용한다. 그러나 이 두 가지는 결국 동전의 양면과 같은 것으로서 사이드가 말해온 오리엔탈리즘의 기본 개념에서 벗어나는 것이 아니다.

그러면 이제 사이드를 비판하면서 사이드의 오리엔탈리즘의 개념을 넘어서는 용어들을 살펴보자. 우선 앞에서 버스루이스는 오리엔탈리즘을 아시아를 바라보는 단일한 방식이 아니라 다양한 방식으로 규정하면서, 그것을 '부정적 오리엔탈리즘'과 '긍정적 오리엔탈리즘'으로 구분한다. 그것은 오리엔탈리즘을 다원적으로 이해하는 데 진일보한 관점으로 여겨진다. 서양이 동양을 보는 시각에는 분명 그러한 상반되는 관점이 있어온 것이 사실이고, 사이드의 경우 그중 부정적 관점을 논한 것이라면, 미국의 초설주의자들과 비트세대, 독일의 낭만주의자들을 비롯하여 기타 많은 서양인들 가운데는 동양에 대한 긍정적 관점을 표명한 사람들도 상당수 발견할 수 있는 것도 사실이다.

이옥순이 지은 『우리 안의 오리엔탈리즘』에는 오리엔탈리즘에 대한 흥미 있는 해석을 접할 수 있다. 그는 인도를 대상으로 두 가지 오리엔탈리즘을 분석하면서, 그것을 '박제 오리엔탈리즘'과 '복제 오리엔탈리즘'으로 구분한다. 영국은 인도를 식민지로 정복하고 지배하기 위해서, 인도와 인도인들을 영국의 식민화와 식민통치에 유용한, 실재하지 않는 열등한 이미지로 창조하였다. 인도와 영국을 비교하여 영국의 우월성을 돋보이게 하는 방법을 통해, 인도는 점차 영국의 열등하고 부정적인 타자로 굳어졌다. 영국에 의해서 그렇게 창조되고 굳어진 인도의 부정적 이미지는 점차 본질적이고 비역사적인 것으로 박제되었는데, 이러한 이미지를 창조해내는 영국의 담론을 그는 '박제 오리엔탈리즘'으로 명명한다.

반면 '복제 오리엔탈리즘'은 이러한 박제 오리엔탈리즘에 감염된 우리의 인도 보기이다. 즉, 그것은 서구에 의해 재현되어진 서구의 타자이며, 동양인 우리가 또 다른 동양인 인도를 서구의 시선으로 보고 말하는 방식이다. 이러한 복제 오리엔탈리즘은 우리의 근대화에 수반하여 소개된 여러 가지 문화적 효과를 통해 전파되었으며, 이렇게 당연시되고 박제된 인도의 이미지와 지식을 적극 활용하면서 고착화되었다. 그러므로 우리가 보는 인도는 이중의 오리엔탈리즘, 곧 서양의 시선에 감염되어 서양이 구성한 '동양이 구성한 동양'이라는 중층적 구조를 갖고 있다.

이옥순의 이러한 지적은 동양인으로서의 우리가 우리 자신 속에 서양이 주입한 오리엔탈리즘을 내포하고 있음을 지적하면서 그것을 '복제 오리엔탈리즘'으로 명명했다는 점에서 흥미롭다. 우리가 그러한 복제 오리엔탈리즘을 내면화하고 있음을 사실로 인정하지만, 그러한 복제 오리엔탈리즘을 인도에만 국한시킬 필요는 없을 것 같다. 우리는 인도뿐만 아니라 우리보다 산업화나 경제적 발전이 늦은 아시아의 다른 여러 나라들에 대해서도 은연중 그러한 복제 오리엔탈리즘의 시각을 나타내고 있는 것이 아닌가.

이상에서 살펴본 오리엔탈리즘의 여러 용어들은 오리엔탈리즘의 개념을 다원화하고 확대시키는 데 기여하고 있다. 사이드의 잠재적 오리엔탈리즘과 명시적 오리엔탈리즘은 둘 다 동양에 대한 서양의 부정적 시각에 근거하는 그의 오리엔탈리즘 개념의 범주 안에서의 구분이다. 버스루이스의 부정적 오리엔탈리즘과 긍정적 오리엔탈리즘은 오리엔탈리즘의 개념을 사이드보다 확대시킨 점은 인정되나, '부정적/긍정적'이라는 상호 대립적인 용어를 사용함으로써 자칫 또 다른 이항 대립적 구도로 단순화되지 않을까 우려된다. 이옥순의 박제 오리엔탈리즘과 복제 오리엔탈리즘은 두 가지 모두 사이드의 오리엔탈리즘의 변용이라 할 수 있겠지만, 복제 오리엔탈리즘이란 독특한 개념과 용어를 창안함으로써 서양인이 아닌 동양인이 지니고 있는 '우리 안의 오리엔탈리즘'을 지적하고 명명했다는 점이 주목된다.

그러나 이상 여러 가지 용어들을 통해서도 오리엔탈리즘의 다양하고 복합적인 개념을 포괄적으로 수용하고 이해하는 데는 역시 한계가 느껴진다. 그러한 한계를 넘어서는 방편으로 나는 여기서 '세속적 오리엔탈리즘'과 '구도적 오리엔탈리즘' 그리고 '혼성적 오리엔탈리즘'이란 용어를 사용하고자 한다. 세속적 오리엔탈리즘이란 오리엔탈리즘을 동양에 대한 서양의 지배담론으로서 보는 사이드식 오리엔탈리즘과 버스루이스의 부정적 오리엔탈리즘의 개념을 포함하여 서양이 동양을 세속적으로, 정치적으로, 또는 물질적으로 이용하고 지배하고자 하는 의도에서 비롯된 모든 태도와 관념과 담론을 포괄하는 개념이다.

그러나 오리엔탈리즘에는 이러한 세속적 성격과는 다른 일면이 또한 분명히 존재한다. 그것은 오랜 옛날부터 서양인들의 뇌리를 지배해왔던 관념으로서, 이른바 '빛은 동양에서(*Ex oriente lux)*'라고 하는 표어가 시사하는 바와 같이 서양인들이 동양을 빛으로 상징되는 진리와 지혜의 근원이자 그 발상지로 생각하면서 동양에 대해서 일종의 구도적 동경심을 갖는 태도이며, 동양을 유토피아, 또는 이상국으로 생각했던 관념이며, 동양의 종교와 사상과 문화, 특히 동양의 정신적 가치와 그 산물에 대해서 흠모와 존경을 보이며, 그것을 배우고 받아들이고자하는 관념과 태도를 의미한다. 이는 버스루이스의 긍정적 오리엔탈리즘과도 유사한 개념이다.

그러므로 전자가 세속적, 현실적, 물질적 가치를 대변한다면, 후자는 종교적, 정신적, 또는 심미적 가치를 대변한다고 볼 수 있다. 하지만 이 두 오리엔탈리즘은 서로 이항 대립적으로 구분되기보다는 하나의 머리에 두 얼굴을 한 야누스의 모습처럼 오리엔탈리즘이라는 하나의 전체를 구성하는 부분적 성격의 차이에 불과하다. 오리엔탈리즘의 이러한 속성은 고대에 동서 문화교류의 실제적이면서 상징적인 통로였던 소위 실크로드의 속성에서 잘 드러난다. 실크로드에 대해 나가사와 가즈토시(長澤和俊)는 이렇게 말한다.

이러한 사람과 물자의 복잡한 교류는 동서의 문화에 커다란 영향을 주었지만, 이들 다원적인 문화는 당시로서는 때때로 불교나 조로아스터교, 마니교, 경교(네스토리우스파 크리스트교) 등의 종교에 의해, 하나의 종합적인 문화로서 교류되었다. 중세의 종교는 많은 물질문화를 포함하는 종합문화체로 전래하여 각지의 문화에 깊은 영향을 주면서 동점(東漸)하였던 것이며, 이러한 의미에서 실크로드는 구도(求道)근 전도(傳道)의 길이며, 인간의 길이었고, 복잡한 문화 변용의 장이었다.

나가사와는 여기에서 고대 실크로드를 통해서 이루어졌던 동서 문화교류의 성격을 잘 표현하고 있다. 즉, 그것은 세속적이고 물질적일 뿐만 아니라 종교적이고 정신적이며, 성(聖)과 속(俗)의 두 가지 속성이 함께 혼재하는 혼성적이며, 인간적인 것이었다. 그러기에 실크로드를 내왕했던 사람들 중에는 모험을 좋아하는 탐험가나, 이재에 밝은 상인이나, 또는 정복이나 지배의 야심에 불타는 정복자나 그의 군대뿐만 아니라 그 중에는 진리를 탐구하거나 설파하고자 하는 구도자, 전도자도 끼어 있었던 것이다. 앞의 사람들을 세속적 오리엔탈리스트라고 한다면, 뒤의 사람들은 구도적 오리엔탈리스트라고 할 수 있을 것이다.

그러나 여기서 한 가지 유의할 것은 구도적 오리엔탈리즘이라고 해서 그것을 세속적 오리엔탈리즘과 반드시 이항 대립적 관계로 보거나, 서로 모순되고 대립되는 별개의 개념으로만 보아서는 안 된다는 점이다. 물론 그런 점이 전혀 없는 것은 아니다. 그러나 그것은 실크로드를 넘나드는 사람들 중에 세속적이고 현실적인 목적을 기진 사람들도 있었지만, 그러한 무리들 속에 뜻밖에도 정신적이고 이상적인 구도의 목적을 가진 사람들도 섞여 있을 수 있었던 것과 같다.

경우에 따라서는 개인의 의식이나 태도조차도 가변적이거나 이중적일 수 있다. 한 예로, 18세기 말 영국의 인도 지배가 정착되었을 때 찰스 윌킨스(Charles Wilkins)와 윌리엄 존스(William Jones)가 산스크리트어를 배워 인도의 주요 경전들을 번역하게 되었다. 처음 그들이 그것을 번역하고자 한 주요 목적은 영국이 인도를 효과적으로 지배하기 위한 제국주의적 목적에 봉사하기 위해서였지만, 번역과정에서 그 속에 담긴 심오한 사상과 깊은 철리(哲理)에 매료됨으로써 결과적으로 그들은 구도적 오리엔탈리스트로 변모하게 된 것이다.

또한 19세기 미국의 시인 월트 휘트먼(Walt Whitman)의 경우 「캘리포니아 해안에서 서쪽을 향하여 Facing West from California's Shores」「인도로 가는 길 Passage to India」 등의 그의 시가 동양에 대한 열렬한 구도적 동경심을 나타내는 측면도 있지만, 다른 한편으로는 그가 의도했든 아니든 그 당시 동양으로 팽창해 오던 미국의 제국주의적 힘을 부추기는 세속적 오리엔탈리즘으로서 작용했다고 볼 수도 있는 것이다.

그러므로 여기서 말하는 이 둘은 서로를 단절하고 배제하기보다 어느 정도는 서로 융합하고 혼성하여 오리엔탈리즘이라는 오랜 전통을 함께 구성해온 요소이며 그 속성이라 할 수 있을 것이다. 오리엔탈리즘이 본래 이러한 복합적 속성을 지녀왔다고 보고 이러한 오리엔탈리즘을 나는 '혼성적 오리엔탈리즘'으로 명명하고자 한다.

# 혼성적 오리엔탈리즘의 전개

이제부터 언급하고자 하는 혼성적 오리엔탈리즘은 서양이 동양을 구성하고 지배하는 데 오리엔탈리즘을 이용했다고 보는 시각, 즉 서구 제국주의의 '거대담론'으로 보았던 사이드의 오리엔탈리즘에서 더 나아가 서양과 동양을 보다 상호적인 관점에서 보고, 오리엔탈리즘을 더욱 창의적이고 보다 열린 관점으로 보는 견해이다. 이것은 오리엔탈리즘에 대해 사이드가 갖는 의심의 태도나 그것을 정치적으로 보고자 하는 태도를 전적으로 거부하는 것을 의미하는 것은 아니다. 서양이 동양을 재현하는 데는 어느 정도 식민적인 경향이나 인종적 편견을 내포하고 있는 것은 사실이다. 사이드 이후 최근의 많은 연구는 서양이 동양이나 기타 비서구 지역의 인종이나 문화에 대해 억압적이고 차별적인 성격의 담론을 생산하고 유포해왔음을 인정하고 논의해왔다. 그러나 오리엔탈리즘이 서양의 식민주의 구조와 제국주의적 팽창과 관련해서만 이해될 수 있는 것으로 인정하기에는 무리가 따른다.

아시아에 대한 유럽의 헤게모니는 오리엔탈리즘을 위한 필요조건이긴 하지만 충분조건은 아니다. 오리엔탈리즘은 단순히 지배적인 제국주의 이데올로기와 동일시될 수만은 없다. 어떤 면에서 그것은 서구 제국주의적 권력의 광범위한 지배 구조를 강화하기도 했지만, 때로는 그것을 전복하는 작용도 해왔다. 지금부터 논의하게 될 오리엔탈리즘은 사이드의 시각이나 관점을 포함하면서도 그것을 넘어서서 상호 복합적인 성격을 띠게 될 것이다. 나는 여기서 그것을 '혼성적 오리엔탈리즘'으로 부르고자 한다. 그리고 지리적으로도 그것은 사이드의 논의 대상이었던 중동을 넘어서는 아시아 지역으로서, 중국과 인도가 중심이 될 것이다.

### 고대에서 중세까지

오랫동안 서양은 동양에 대해 엄청난 매혹을 느껴왔다. 여러 세기에 걸쳐 수많은 서양의 사상가, 작가, 지식인들이 너무나 멀리 떨어져 있고, 자신들과는 다른 문화권인 동양의 매력에 사로잡혀왔다. 고대 그리스에서 동양은 경이의 장소로 여겨졌고, 인도의 벌거벗은 나체수도자(gymnosophist)들은 그리스인들의 관심의 대상이었다. 13세기 마르코 폴로(Marco Polo)의 동방여행은 유럽인들의 마음속에 형성된 동양문화에 대한 오랜 상상적 구성의 서곡이 되었다.

그러나 이 구성의 새로운 전환점을 이룬 것은 16세기 이래 지리상의 발견과 그 결과로 인해 나타난 유럽의 관심과 세력의 팽창이었다. 그전까지는 중동을 넘어선 오리엔트 지역은 서구인들의 상상력 밖의 지역이었으니, 이제는 제수이트 선교사들과 뒤이어 등장한 여행자들과 중개상들, 식민지 행정가들, 그리고 마침내는 학자들과 구도자들이 전하는 여러 가지 정보가 유럽으로 쏟아져 들어오기 시작했다. 이러한 정보들은 때로 왜곡되기도 하고, 불확실한 환상과 소망으로 물들어 있는 경우도 있었지만, 그럼에도 불구하고 유럽인들의 마음에 자력과 같은 매력을 주었던 것이다.

18세기에는 그러한 매력의 대상이 주로 중국이었고, 공자는 볼테르(Voltaire)와 같은 서구의 계몽주의 지식인에게 거의 숭배의 대상이 되었다. 그러다가 낭만주의 시대에는 서구인들의 동양에 대한 관심이 인도로 옮겨 갔으며, 인도의 종교와 사상이 유럽의 주요 사상가들의 관심과 열정을 사로잡았다. 19세기에는 그러한 관심과 열정이 불교로 옮겨 갔고, 불교의 강력한 정신적 메시지는 유럽의 경험적 과학과 놀라울 정도로 일치하는 듯했다. 바로 이 점이 많은 서구 지식인들 사이에서 불교의 매력이 고조되었던 이유 중의 하나이다. 20세기는 서구의 동양학자 또는 동양 애호가들의 관심이 더욱 확산되어 비트나 히피세대에 대한 선불교의 영향과 티베트의 비교(秘敎)적 불교사상의 전래 등이 서양의 신학, 철학, 심리학, 정신심리요법(psychotheraphy)을 포함하여 광범위한 영역에 걸쳐 영향을 주었다. 오리엔탈리즘은 동양에 대한 서양의 이러한 매혹과 관심까지도 포함하게 되는데, 이는 어느 정도의 역사적 설명을 요하게 된다.

계몽주의 시대에 동서양의 지적 만남의 역사를 서술하기 전에 먼저 고대로부터 있어온 동서양의 문화적 교류를 간단히 되돌아볼 필요가 있다. 기원전 6세기부터 기원후 4세기에 이르기까지 지중해에서부터 동으로 인더스 강 계곡까지 이르렀던 고대 페르시아의 아케메니드(Achaemenid) 제국은 잘 건설된 고속도로와 공통의 화폐로 인도와 유프라테스 강 사이뿐만 아니라 지중해와 동양에 이르는 실크로드를 따라서 동서양 무역을 촉진하는 데 크게 기여했다. 로마 시대에는 양모, 금, 은 등이 동양의 비단과 양념 등과 교환됨으로써 동서교역이 번성했다는 증거들이 있다. 그리고 기원전 332년부터 그리스의 지적 활동의 중심지로서 아테네를 대체했던 알렉산드리아가 동서양의 상업적·문화적 교류의 십자로 역할을 담당했다.

이러한 맥락에서 보면 만약 금, 은이나 비단, 양념 이상의 보다 추상적인 상품들이 대상들이나 해로를 따라 교류되었고, 동서양 사이에 얼마간의 문화적 교류가 있었다고 해서 전혀 놀랄 일은 아니다. 플라톤에게 심원한 영향을 미쳤던 피타고라스는 이집트를 방문한 적이 있었는데, 거기서 그는 인도철학을 접했다고 한다. 고대 그리스와 로마에서는 인도의 나체 철학자들이 상당한 호기심의 대상이었고, 불교승려들도 그리스 세계에 알려지게 되었다. 기원전 3세기 초 독실한 불교신자였던 인도의 아소카(Asoka) 대왕은 국경선 너머로까지 불교를 전파시키면서 불교승려들을 서방으로 파견했고, 불교에 관한 그의 칙령을 그리스어와 아람어(Aramaic)로 번역하기도 했다.

그러나 기원전 327년 알렉산드로스 대왕의 인도 침공은 동서양대화의 가장 극적인 그리고 역사적으로 가장 실증적인 시발점이 되었다. 알렉산드로스는 군사적 정복과 정치적 영토팽창뿐만 아니라 유럽과 아시아의 '결혼'을 하나의 이상(理想)으로 생각했다고 한다. 알렉산드로스와 그의 동료들은 인도에 대해서 이미 상당한 지식을 가졌던 듯하고, 그가 정복했던 땅의 종교나 사상에도 관심을 가졌던 것 같다. 그는 그의 원정단에 여러 명의 철학자들을 대동하였는데, 그중에는 회의사상파의 창시자 파이로(Pyrrho)도 포함되어 있었다. 실제로 석가모니의 불교사상과 회의사상파의 사상 간에는 놀라운 유사성이 발견된다. 그 둘은 양쪽 다 인간조건이 고통으로 가득차 있다는 데에 인식을 같이 하면서, 정신적인 훈련을 통해서 흔들림이 없는 평정의 상태에 도달할 것을 지향한다.

기독교가 인도사상의 영향을 받았다는 점에 대해서는 여러 가지 짐작을 가능하게 한다. 19세기 중엽 이래 기독교와 불교 사이에 역사적 결합의 가능성이 있을 수 있다는 논의가 있었다. 사실상 그 두 종교 사이에는 놀라울 만큼 유사성이 존재하고 있다. 기원 초기에 인도의 사상이 서구로 전달되었다는 것은 역사적인 관점에서 보더라도 결코 허황된 추측만은 아니다. 아소카 대왕의 선교사들이 서양에 파견되었고, 알렉산드로스 대왕의 인도원정 또한 동서양의 사상에 상호 영향을 미쳤다. 비록 직접적인 영향의 증거를 추적하기는 어렵다 하더라도 기독교의 영혼에 대한 관심이나 신비주의적인 경향 등은 보다 넓은 맥락에서 그 기원을 추적해볼 수도 있는 일이다.

이렇듯 고대에도 긴밀했던 동서양의 대화는 7세기에 이르러 이슬람의 서방 침략에 의해서 오랫동안 단절되었다. 그러나 13세기에 이르러 프란시스코파 수도사 플라노 카피니(Plano Carpini)와 윌리엄 루브록(William Rubrock)의 중국여행 그리고 마르코 폴로(Marco Polo)의 동방여행과 함께 동서양의 교류는 재개되기에 이르렀다. 이러한 빈약한 접촉들이 당시 중세 기독교의 닫힌 세계관에 다소 영향을 주긴 했지만, 동서양의 실질적인 지적 접촉을 가능케 하지는 못했다.

하지만 이들 여행자들은 신비적이고 우화적인 동양에 대한 서양인들의 관심을 다시 한번 촉발시키는 결과를 가져왔다. 그것은 서양 사람들의 상상과 지성에 동양에 대한 새로운 관심과 탐구의 열정을 불붙이는 시험적인 출발이었다.

## 중국열풍

동양, 특히 중국과 서양과의 만남은 15~16세기 지리상의 발견으로 인한 전 지구적인 탐험여행과 그 결과로 일어난 유럽의 정치 경제적 힘의 팽창과 함께 시작한다. 이러한 위업은 동남아시아에 대한 해상 탐험의 시작을 알렸고, 무역과 상업의 급속한 팽창을 위한 길을 열었다. 그러한 팽창은 당시 유럽에서 일어나고 있던 정치 경제적인 면에서의 혁명적 변화에 의해 촉발되기도 했지만, 반대로 그러한 변화를 더욱 촉진하는 데 기여하기도 했다.

동양을 향한 유럽의 이러한 팽창을 촉진시켰던 동기는 복합적이다. 르네상스에 의해 생겨난 새로운 지적 개방성과 호기심에서부터 이슬람 세계를 우회하여 동양으로 가는 무역로를 찾고자 하는 필요성에 이르기까지 여러 가지를 포함한다. 종교적인 동기 또한 이들에 못지않을 정도로 중요했다. 비록 상업적이고 정치적인 충동이 그 근저에 깔려 있었다 하더라도, 서양이 동양을 탐험하는 실제적인 사업이 시작된 것은 동양의 이방인들을 기독교 신앙으로 개종시키고자 하는 목적 때문이었다.

동양사상과 문화를 최초로 유럽으로 가지고 온 것은 16~17세기에 인도와 중국, 일본에 침투했던 가톨릭교회 개혁의 신봉이있던 제수이트회 선교사업을 통해서였다. 그들의 목적은 분명 이교도를 가톨릭 신앙으로 개종시키는 것이었지만, 제수이트회의 사제들은 완고하고 속 좁은 복음주의자들은 아니었다. 그들은 르네상스 휴머니즘에 따른 열린 마음을 지니고 있었고, 고도로 교육받은 교양인들이었다. 그들은 중국문명과 유교철학, 중국문학과 제도에 대해 높은 관심을 보였으며, 그들이 개종시키고자 했던 중국인들의 신앙과 실천에 대해서도 공감을 표명했다. 그들은 또한 유교경전들을 라틴어로 번역하여 출판하였는데, 그들이 보내온 보고와 번역들은 17세기 후반 유럽에 광범위하게 보급되었다. 그리하여 그들이 서양에 전한 중국사상은 당대 유럽인들에게 엄청난 영향을 미쳤고, 계몽주의 시대 이데올로기적 논쟁에 연루되기도 했으며, 제대로 이해되지도 않은 채 당대의 주요 사상의 형성에 침투하기도 했다.

제수이트회 회원들은 중국인을 개종시킨다는 일차적인 목적을 가지고 있었지만, 그 목적을 달성하기 위해서는 중국인들과 대화하고 그들의 세계관을 이해할 필요성을 느꼈다. 그러한 의미에서 그들은 최초의 오리엔탈리스트 학자들이었고, 유교철학과 중국인의 세계관을 서양에 전한 최초의 서양인들이었다. 그들은 중국에 대한 보고와 중국의 경전을 유럽으로 전한 것뿐만 아니라 중국의 종교적 사상과 실천을 그들 특유의 형식으로 해석하는 일에도 착수했는데, 이것은 다가올 동서 간의 대화를 예고하는 일이었다.

마테오 리치(Matteo Ricci)와 같은 초기 선교사들은 그들이 중국에 도착하자마자 자신들이 유럽 문화보다 더 오래된 문화를 접하고 있으며, 그 국민들은 서구 기독교 국가들에 못지않을 정도로 복잡하고 세련된 언어와 문화와 신앙체계를 가지고 있는 국민임을 깨닫게 되었다. 그러므로 그들의 옛 유교적 신앙과 술어를 기독교 신앙으로 대체하도록 하는 것은 별 의미가 없다는 것을 알게 되었다. 따라서 리치와 그의 후계자들이 추구했던 것은 "그것을 억제하기보다 오히려 그러한 의식을 해석하는 것"이었고, 국외자인 그들이 토착 중국인들에게 이방의 교리나 실천을 부과하려고 하는 것보다 가톨릭 의식을 유교적 관습과 실천에 교묘하게 적용시킴으로써 바로 중국인의 마음과 영혼에 침투하고자 했다.

제수이트회 회원들의 보고에 이어 또 다른 여행자들의 보고도 이어졌다. 그리하여 18세기 중엽까지는 아시아의 위대한 문명에 대한 상당한 분량의 문서들이 쌓이게 되었고, "중국의 환영에 넋을 잃게 된" 유럽의 교육받은 계급 사이에서 중국에 대한 광범위한 열정과 논쟁이 일어나게 되었다. 그리하여 볼테르와 백과전서파들의 시대에 이르면 아시아에 대한 많은 체계적인 연구가 쌓이게 되었으며, 그중 가장 유명한 것은 장 밥티스트 뒤 알데(Jean-Baptiste Du Halde)의 4권으로 된 역사물로서 이는 1736년 『중국총사 *The General History of China*』라는 제목으로 영어로 번역되었다.

계몽주의 시대 사상가들 중 동양철학에 깊은 관심을 보였던 사람들 중에는 몽테뉴(Montaigne), 말브랑슈(Malebranche), 베일(Bayle), 볼프(Wolff), 라이프니츠(Leibniz), 볼테르, 몽테스

키외(Montesquieu), 디드로(Diderot), 엘베티우스(Helvetius), 케네(Quesnay) 그리고 애덤 스미스(Adam Smith) 등이 있다. 그들은 동양의 국가경영과 교육제도, 특히 동양철학에 매혹되어, 그것을 유럽의 철학적인 또는 제도적인 부적절성을 점검하는 거울로 삼았고, 유럽의 도덕적정치적 개혁을 부추기는 모델로 삼았으며, 또한 기독교를 유일한 종교적 진리로 간주하는 허세를 떨쳐버리는 도구로 삼았다.

16세기에 기욤 포스텔(Guillaume Postel)은 동양을 일종의 유토피아(토머스 모어의 상상적인 유토피아와 대조가 되는 실제의 유토피아)로 설정했는데, 그는 동양을 타락한 기독교단을 비판하고 개혁하는 본보기로 삼고자 했다. 유럽의 제도를 비판하는 수단으로 동양이 빈번히 이용되었던 것이다. 이러한 장르에서 가장 유명한 것이 1721년에 처음 출판된 몽테스키외의 『페르시아인의 편지 *Lettres persanes*』이고, 그것은 두 명의 페르시아인 신사가 파리를 여행하며, 프랑스의 사회생활과 관습의 부조리를 체험하는 이야기이다.

1739년에 나온 아르장스 후작(Marquis d'Argens)의 『중국인의 편지 *Lettres chinoises*』와 1762년에 나온 올리버 골드스미스(Oliver Goldsmith)의 『세계의 시민 *The Citizen of the World*』은 둘 다 이교국 중국을 빌려 기독교국 유럽의 관습을 풍자하는 수단으로 사용하였다. 이 시대 유럽에서는 유교국가 중국이 관심의 주된 대상이 되었고, 공자는 거의 숭배의 경지에 이르러 '계몽주의의 수호성인'으로까지 여겨졌다. 1642년 라 모트 르 부아이에(La Mothe le Voyer)는 『이교도의 미덕 *La vertu de payens*』이라는 제목의 팸플릿을 썼는데, 거기서 그는 공자를 서양의 성인들과 대등한 반열에 확고하게 올려놓았다. 그리고 100년 후 아르장스 후작은 공자를 '여태까지 세계에서 나온 가장 위대한 인물'이라고 주장했는데, 이것은 그 시대의 일반적인 관점을 대변한 것이었다.

## 열풍의 소진

계몽주의 시대 중국에 대한 열풍이 유럽에 널리 퍼지긴 했지만, 18세기 말엽이 되면 점차 소진되기 시작한다. 그 시기에 이르면 유럽에서의 이른바 중국풍(chinoiserie)과 중국애호벽(sinophilism)의 열풍은 그 힘을 상실하게 된다. 18세기 중엽에 폼페이 유적의 발굴에 이어 일어난 헬레니즘의 부흥이 중국 열풍의 소진에 영향을 미치게 되었고, 1770년에 중국으로부터 기독교 선교사들이 추방된 사건도 이에 가세했다.

그러나 중국을 유럽으로부터 멀어지게 한 가장 큰 이유는 중국의 이미지가 유럽의 중국애호가들에 의해 다소 과장되었고, 중국의 지혜와 정치 경제적 제도, 도덕철학 그리고 종교적 관습마저도 실제보다 더 과장되었다는 의심이 일었기 때문이다.

18세기 후반에 이르면, 계몽주의자들 가운데서도 중국에 대한 대도에 분명한 변화가 나타났다. 디드로는 중국의 문화와 문명이 유럽과 대등한 수준이라고 보았지만, 나중에는 중국민의 도덕이나 종교적인 관습에 대한 보고가 과장되고 편향되어 비과학적이라 여기게 되었고, 유럽이 따라야 할 이상으로서 '고상한 야만인(Noble Savage)'[2]의 관념이 중국을 대체하게 되었다. 한편 엘베티우스는 『정신론 De l'esprit』에서 중국의 전제주의를 미개한 폭정이라고 비난했다.

1776년에 프리드리히 그림(Friedrich Grimm)은 중국숭배가 옳지 않는 취향이라 선언했고, 그 역시 중국은 미개한 전제국가라고 주장했다. 이러한 관점은 중국이 공포에 입각한 전제국가이며, 동양에서는 정치적 자유라는 개념이 실제로 알려져 있지 않다고 믿었던 몽테스키외에 의해 조장된 것이었다.

그러나 가장 강력한 반중국의 목소리는 루소에게서 나왔다. 디드로처럼 그도 유럽이 본받아야 할 이상은 고상한 야만인이라고 보았으며, 중국인은 그의 동시대 유럽인 이상으로 인위적이고 부자연스러운 존재로 보았다. 그의 유명한 소설 『신 엘로이즈 Nouvelle Heloise』에서 루소는 중국을 야만인의 자연성과는 대조를 이루는 타락한 문명의 또 하나의 전범으로 표현했다.

한때 중국의 문화는 유럽에서 신선하고 자극적인 것으로 여겨졌으나, 이제는 유럽의 활력과 진보에 비해서 마비와 정체의 성격을 대변하는 것으로 인식되었다. 그리하여 이제 오리엔탈리스트의 새로운 열정은 중국에서 인도로 넘어가게 되었다.

# 인도와 낭만주의자들

## 인도사상의 전래

중국이 계몽주의 철학자들의 주된 관심의 대상이었다면, 낭만주의자들의 마음과 상상력을 사로잡은 것은 인도였다. 근대에 와서 인도 또한 처음에는 제수이트회 선교사들의 보고를 통해서 서구 계몽주의 철학자들에게 알려졌다. 인도에 대한 많은 정보가 17세기부터 계속 유럽으로 흘러들었다. 18세기 후반부터는 유럽의 지식인들 사이에 인도에 관한 논의가 광범위하게 일어났다. 그중 볼테르 같은 이는 힌두교를 유대-기독교보다 훨씬 더 오랜 기원을 가진 자연 이신론적 종교(natural deistic religion)의 예로 제시했다. 그러나 인도의 정치제도는 인정을 받을 수 없었고, 인도의 신화와 만연한 다신사상, 무절제한 제식 등은 계몽사상가들에게 경멸의 대상이 되었다. 특히 인도의 사티(suttee)[3]와 같은 관습은 그 시대의 많은 유럽 지식인들에게 혐오의 대상이었다. 역사가 피터 마셜(Peter Marshall)의 말처럼 "비록 힌두교에 대한 지적 호기심이 일어났다 할지라도 힌두교와 접촉했던 많은 유럽인들의 태도는 항상 조롱이 아니면 혐오감이었다." 더욱이 인도의 소문난 도덕적 정적주의와 허무주의는 유럽인들에게는 쇠퇴하는 문명의 징표로 보였다. 인도사상의 형이상학적 사색과 신비적인 경향은 계몽사상의 취향과는 맞지 않았다. 그러나 이러한 양상은 낭만적 경향과는 잘 어울렸고, 낭만주의자들은 인도에 열중하게 되었다.

인도문학과 사상에 대한 낭만주의자들의 관심과 열광은 19세기 초 독일의 프리드리히 슐레겔(Friedrich Schlegel)에 의해 처음 시작되어 널리 유포되었는데, 레이몽 슈왑(Raymond Schwab)은 이를 '오리엔탈 르네상스'라고 명명했다. 슈왑은 18세기 말부터 산스크리트어 문헌과 함께 인도사상이 들어오게 된 19세기 유럽의 분위기는, 마치 콘스탄티노플 함락 이후 그리스어 원전과 비잔틴 주석자들이 들어옴으로써 일어난 15세기 이탈리아의 르네상스에 비견되는 문화적 혁명이 일어났다고 보았다. 이탈리아 르네상스는 비잔틴 제국이 몰락하고, 그리스어 원전이 대대적으로 유입됨으로써 촉발되었다. 이와 유사하게 오리엔탈 르네상스는 18세기 후반 무굴(Mogul)제국이 몰락한 후 인도아(印度亞) 대륙이 영국과 프랑스의 정치적, 상업적 관심에 노출되고, 인도의 산스크리트어 문헌들이 유럽 학자들에 의해 대거 번역되고 연구됨으로써 촉진되었다.

계몽주의 시대에도 그랬듯이 새로운 오리엔탈리즘에 대한 1차적인 지적 자극은 냉담한 학문에서가 아니라 유럽의 사상과 신앙(한편으로는 유대-기독교 전통과 다른 한편으로는 계몽사상의 물질주의와 반종교적 태도)에 대해 높아가던 환멸감에서 왔다. 그 결과 자기 자신의 뿌리로부터 이탈하는 유럽-기독교석인 냉담한 분위기와 합리론자의 차가운 숨결에 스스로를 고통스럽게 의식하게 되었던 낭만주의자에게는 인도가 마치 약속의 땅과 같이 여겨지게 되었다.

계몽사상가들의 경우와 마찬가지로 낭만주의자들에게도 어린애 같은 순진성의 추구와 완전성에 대한 환상, 그 시대의 시인과 철학자들이 잃어버렸다고 느꼈던 인류와 자연에 대한 일체감을 회복하고자 하는 열망 그리고 당대 서구 세계에서 분리되어버린 종교와 철학과 예술의 재통일을 위한 열망 등을 갱신하고자 하는 목소리가 있었다. 그리하여 동양에 대한 초기의 관심이 주로 윤리적, 정치적 요구로부터 생겨났던 데 반해, 이 새로운 관심은 주로 형이상학적 갈망에서 생겨났다.

그리고 중국이 정치적 유토피아로 각인되었던 데 반해, 인도는 정신적, 영적 영역으로 여겨지게 되었다. 또한 인도사상은 그 시대의 유럽 지식인들의 마음속에 유물론적 서양과는 대조적으로 고양된 정신성의 신화를 낳았던 베단타 철학[4]과 동일시되었다.

이제 인도는 몽상가와 신비가의 땅으로서 서구의 상상력을 사로잡게 되었고, 서구인의 인식에 깊이 각인되기에 이르렀다. 그러나 비록 계몽주의 시대보다 그 역할이 약화되긴 했지만, 정치적인 고려가 전혀 없었던 것은 아니다. 독일 지식인들이 인도에 매료된 것은 프랑스 혁명에 의해 고취된 민족해방의 정신이 자신들의 분명한 정체성을 주장하는 방식으로 표출되었고, 역설적으로 그것은 인도라는 상상적 고대와 결합하게 되었던 것이다. 계몽운동은 독일에서는 주로 프랑스의 일로 여겨졌다. 반면 동양과 신비적 친화성을 느꼈던 낭만주의 운동은 독일이 프랑스의 영향권을 넘어서 스스로의 정치적·문화적 정체성을 추구하는 표현으로 나타났다.

## 새 열풍의 원천

인도에 대한 서구인들의 새 열풍 역시 제수이트회 선교사업에서 시작되었다. 그러나 인도와 유럽이 사상의 교류를 하는 데 주요 수단을 제공했던 것은 유럽의 상업적 관심이었으며, 그중에서도 특히 동인도회사(East India Company)의 역할이 컸다. 18세기에 무굴제국이 몰락하면서 처음에는 벵갈과 나중에는 인도의 나머지 지역에 영국과 프랑스의 상업적 관심이 침투하게 되었고, 이것이 오리엔탈 르네상스의 토대가 되었다.

이러한 상황에서 두 명의 영국인 존 홀웰(John Holwell)과 알렉산더 도(Alexander Dow)는 최초로 인도에 대한 학문적 연구를 시도한 인물이었다. 그 둘은 인도에서 근무하면서 인도와 인도 문화 및 종교에 대한 광범위한 해설서를 출간했다. 홀웰은 한동안 벵갈 총독을 역임한 바 있는데, 그의 글에는 인도의 종교와 철학사상에 대해서 대단히 호의적인 태도가 나타나 있다. 그리고 인도가 모든 지혜의 원천이며, 고대 그리스의 철학적 전통에 심원한 영향을 미쳤다는 신념을 표명하였다. 그들의 책은 1760년대에 독어와 불어로 번역되었고, 볼테르 같은 이는 그들의 책을 읽고 상당한 영향을 받았다. 또 한 사람의 초기 개척자는 프랑스인 앙크틸 뒤페롱(Anquetil Duperron)이며, 그는 『우파니샤드 *Upanishads*』5)를 번역출판하였고, 이는 유럽 사상가들이 인도사상을 이해하는 데 크게 기여했다. 그의 번역은 19세기 유럽에 강력한 영향을 미쳤으며, 특히 이 책은 아르투르 쇼펜하우어(Arthur Schopenhauer)의 애독서가 되기도 했다.

본격적인 인도연구가 시작된 것은 1780년대 캘커타에 영국 관리들이 도착하면서였다. 그 관리들 중 많은 이들이 워렌 헤이스팅스(Warren Hastings) 총독의 후원을 받는 동인도회사에서 봉급을 받았다. 그들 중 중심적인 인물이 윌리엄 존스(William Jo)이며, 그는 해로와 옥스퍼드에서 교육을 받은 저명한 법률가요, 언어학자에다 또한 시인이요, 급진적 시사평론가로서 명성이 높았다. 또한 그는 산스크리트어에 대한 해박한 지식으로 사실상 힌두교를 연구한 최초의 진정한 학자라 할 수 있다. 그는 1783년 캘커타의 대법원 판사로 임명되었고, 그곳에서 나머지 생애를 보냈으며 벵갈아시아학회(The Asiatick Society of Bengal)를 창립하기도 했다. 그 학회는 최초의 동양학 연구 학술지인 『아시아연구 *Asiatick Researches*』를 발행하는 등, 힌두학의 구심체가 되었다. 여러 가지 면에서 존스는 낭만주의자이기보다 계몽주의자였다. 그러나 영국과 독일 양국 낭만주의자들에 미친 그의 영향은 지대했다. 인도에 대한 그의 저술과 인도문헌의 번역은 유럽에 널리 유포되었고, 특히 독일에서 널리 수용되어 많은 이들에게 영향을 미쳤다.

독일에 들어온 인도학의 주제 가운데 가장 중요한 것은 유럽과 인도의 언어가 서로 놀라운 유사성을 지녔다는 주장이었다. 이를 바탕으로 존스는 유럽 인종과 인도인종이 공통의 근원에서 발생했을 것이라고 짐작했고, 유럽인의 기원의 문제는 한동안 격렬한 논쟁의 주제가 되기도 했다.

존스의 업적에 이어서 오리엔탈 르네상스의 초기 발전에 중요한 기여를 했던 다른 두 명의 영국인 관리는 찰스 윌킨스(Charles Wilkins)와 토머스 콜브루크(Thomas Colebrooke)이다. 윌킨스는 1785년에 위대한 힌두 서사시 『바가바드 기타 *Bhagavad Gita*』를 산스크리트어에서 영어로 번역했고, 콜브루크는 그의 『힌두인의 종교와 철학에 관한 시론 *Essays on the Religion and Philosophy of the Hindus*』을 통해서 여태까지 잘 알려져 있지 않던 인도문화의 여러 가지 면을 일반에게 소개했다.

이렇게 소개된 위대한 인도고전들이 그 시대 영문학에 미친 영향은 자명하다. 그것들은 18세기 고전주의를 허물고자 했던 낭만주의자들의 시도에 중요한 대안적 원천을 제공했다. 윌리엄 존스는 인도학뿐만 아니라 시로서도 유명했는데, 그의 시는 특히 호반시인들(Lake poets)[6]로부터 많은 찬양을 받았다. 그리고 셸리(Shelley), 사우디(Southey), 바이런(Byron), 드 퀸시(De Quincy) 등, 당대의 여러 문인들의 작품에 동양적 영향이 나타나 있다. 독일 관념주의 철학자들로부터 상당한 사상적 영향을 받았던 콜리지(Coleridge)가 그의 글에서 인도의 신화적 인물과 주제를 즐겨 이용했다는 것은 말할 필요도 없다.

오리엔탈 르네상스가 성숙에 도달한 것은 영국에서가 아니라 독일에서였다. 영국에서 낭만적 경향은 주로 시인과 화가들에 집중되었는데 반해, 독일에서는 극작가와 음악가들에게까지 파급되었다. 또한 18세기 말과 19세기 초에 융성했던 철학자와 사상가들 가운데서도 그 강력한 영향력을 발견할 수 있다. 그 계보는 헤르더와 괴테로부터 헤겔과 셸링을 거쳐 슐레겔과 쇼펜하우어로 이어진다. 그들 모두는 어느 정도 슈왑이 말한 이른바 '인도의 색조'를 띠었고, 사이드가 말한 "그 시대의 모든 주요 시인과 수필가와 철학자에게 영향을 미친 동양풍의 실제적 유행병"에 감염되어 있었다. 어떤 면에서 이 모든 철학운동의 기원이요, 구심점이었던 칸트는 이 점에 있어서 예외였다고 한다. 그는 비록 인도종교에서 독선과 편협성이 없는 점에 대해서는 호의를 보였지만, 특별히 그것에 심취하지는 않았던 모양이다.

# 불교의 서진(西進)

　19세기는 서양이 동양의 종교나 철학사상의 연구에 있어
서 괄목할 만한 성장을 보여준 시대였다. 또한 이 시대는 새
로운 여러 학문영역이나 구분이 생겨났던 전문화의 시대이기
도 했다. 오리엔탈리즘도 예외는 아니었다. 오리엔탈리즘을
연구한 앙크틸 뒤페롱, 존스, 콜브루크 같은 개척자들의 작업
이 동양의 언어와 전통과 문학을 정복한 것은 그 시대에 일어
난 급속하게 일어난 제국주의적 팽창과 보조를 같이했다. 식
민화와 그 영향으로 인한 동양의 개방은 유럽의 상업과 정치
적 권력의 팽창을 촉진했을 뿐만 아니라 유럽의 학자들에게
동양의 지적, 문화적 전통을 보다 손쉽게 연구하는 기회를 제
공했다.

19세기 전기에는 유럽과 미국에서 많은 오리엔탈리스트 학회와 저널 그리고 대학의 직위가 생겨나게 되었고, 그러한 영향은 19세기 후반까지도 지속되었다. 그리하여 폴 드센의 『베단타의 체계 *The System of Vedanta*』(1883), 리처드 가브의 『고대인도철학 *The Philosophy of Ancient India*』(1897) 그리고 막스 뮐러의 『인도철학의 여섯 가지 체계 *Six Systems of Indian Philosophy*』(1899)와 같은 저작의 출현과 함께 동남아시아 지역의 고전 종교문헌들의 번역과 편집이 활발하게 이루어졌다. 그 중에서도 특히 불교의 서진(西進)은 19세기에 이르러 가장 두드러진 동서 문화교류의 현상이 아닐 수 없었다.

## 힌두교에서 불교로

19세기 프랑스의 위대한 역사가 쥘 미슐레(Jules Michelet)는 1864년 『라마야나 *Ramayana*』[7)에 관한 글을 쓰면서 다음과 같이 주장했다.

> 너무 많은 것을 이룩했거나 바랐던 사람은 누구든지 이 깊은 컵으로부터 긴 한 모금의 인생과 젊음의 물을 마시도록 하자…… 서양에서는 모든 것이 좁다. 그리스는 작아서 숨이 막히고, 유대는 메말라서 숨이 찬다. 저 고고한 아시아를, 심원한 농양을 조금만이라도 바라보자.

그는 계속해서 콩트의 실증주의는 "불교를 현대문명에 적용한 것에 불과하며, 그것은 가벼운 변장을 한 철학적 불교이다"라고 말했다. 같은 시기 프랑스 철학자이며, 역사가인 에드가 키네(Edgar Quinet)는 더 나아가 오리엔탈리스트들이 "그리스와 로마보다 더 심원하고, 더 철학적이고, 더욱 시적인 고대"를 발견했다고 주장했다.

독일에서는 낭만적 물결이 진정되고 난 후에도, 많은 철학자들이 인도의 형이상학에 대한 관심을 멈추지 않았다. 영국에서는 자연과학자인 토머스 헉슬리(Thomas Huxley)가 동양에서 온 새로운 사상에 깊은 관심을 나타냈다. 러시아의 오리엔탈리스트들이 불교에 쏟은 열정 또한 서유럽에 못지않았다. 레오 톨스토이는 그의 정신적 위기의 시기에 붓다의 가르침에서 많은 위안을 얻었으며, 불교의 보편적 자비와 비폭력 사상은 그의 사상과 저술에 많은 영향을 미치기도 했다.

그러면서 19세기에는 힌두교보다 불교가 점차 서구 오리엔탈리즘에서 새로운 주목을 받게 된다. 처음 제수이트회 선교사들은 중국이나 일본양식의 불교를 접했다. 그러나 그들은 대개 불교의 교리에 무지하여 그것을 대중적 미신으로, 혹은 도교와 비슷한 것으로 생각했다. 피에르 베일(Pierre Bayle)은 불교교리를 정적주의나 허무주의의 극단적 형식으로 보고, 그것을 스피노자의 철학에 비유했다. 일찍이 7세기 전 마르코 폴로는 고타마 붓다(Gautama Buddha)를 찬양하면서, 그를 기독교 성자와 동일시하기도 했다. 어쨌든 19세기 이전의 서양에서는 불교에 대한 이해가 부족했고, 불교에 대한 관심 또한 유교와 힌두교에 가려져 있었다.

불교가 19세기 유럽문화에 깊이 침투하게 된 것은 영국 동양학자 브라이언 호즈슨(Brian Hodgson)과 함께 시작한다. 그는 네팔의 동인도회사의 관리로서 산스크리트어와 티베트어로 씌어진 지금까지 잘 알려지지 않았던 400권의 불교원전을 입수하여, 1837년 캘커타와 런던과 파리에 그것들을 보냈다. 이러한 대규모 증여의 혜택을 받은 사람 중의 하나는 프랑스 학자 외젠 뷔르누프(Eugne Burnouf)였고, 그는 그것들을 불어로 번역하는 작업을 감독했다. 그의 책 『인도불교사개론 *Introduction a l'histoire du bouddhisme indien*』(1844)을 포함한 그의 업적은 이 분야에 엄청난 영향을 미치게 되었다. 그는 불교의 남방, 북방 양 지파 사이에 분명한 구별을 지은 최초의 인물이었다. 사실 19세기에 유럽인들의 마음에 남방불교 전통이 보다 우세하게 자리 잡은 데 비해, 북방불교가 다음 세기가 되기까지 거의 무시되고 있었던 것은 그가 남방불교를 보다 오래되고 순수한 것으로 강조했던 결과였다.

19세기 중엽에는 불교사상을 논하고 해설하는 글들이 엄청나게 쏟아져 나왔다. 스펜스 하디(Spence Hardy)의 『불교편람 *A Manual of Buddhism*』(1853)은 영국과 대륙에서 함께 널리 읽힌 책이었고, 쥘 바르텔르미 생틸레르(Jules Barthélemy Saint-Hilaire)의 『붓다와 그의 종교 *Le Bouddha et sa religion*』(1858)도 마찬가지로 인기가 있었다. 그는 불교가 선을 위해서 무력하고, 무신론적이고, 허무주의적이라고 말했다. 그럼에도 불구하고 그는 불교에는 "어떤 장엄성이 없지 않으며" "그리스도라는 유일한 예외가 있지만, 종교의 창설자들 중 붓다의 형상보다 더 순수하고 더 감동적인 것은 없다"고 말했다.

19세기 후반에는 불교학이 지속적으로 팽창했고, 풍부하고 다양한 불교경전이 서양에 유입되었다. 1881년 웨일스의 오리엔탈리스트 라이스 데이비스(T. W. Rhys Davids)는 그의 아내 캐롤라인과 함께 팔리어경전학회를 설립했다. 이 학회는 고대 팔리어로 된 불교의 초기 경전들을 번역하는 일에 착수했는데, 그가 죽기까지 이 학회에서는 무려 94권 26,000페이지에 달하는 방대한 양의 번역과 출판이 이루어졌고, 이 작업은 현재까지도 진행중이다. 라이스 데이비스는 번역뿐만 아니라 『불교의 역사와 문학 *Buddhism: Its History and Literature*』(1896)이라는 저서를 출판하기도 했는데, 이 책에서 그는 불교가 이치에 맞고, 과학적인 종교라는 믿음을 피력했다. 그는 불교연구가 배타적인 유럽적 편견을 극복하는 데 도움을 줄 수 있을 것이라고 확신했다.

또 한 가지 위대한 번역과 출판사업은 프리드리히 막스 뮐러(Friedrich Max Müller)에 의해 이루어졌으며, 그는 아마도 인도학과 불교학 양 분야에서 당대의 최고 권위자였을 것이다. 그는 라이프치히 대학에서 산스크리트어를 공부했고, 파리로 건너가 뷔르누프 밑에서 불교학을 공부한 후, 1854년 옥스퍼드대학의 동양 종교학 교수로 임용되었다. 그의 절충주의적이고 보편주의적인 관점과 여러 종교에 대한 비교연구는, 19세기 말과 20세기 초 불교와 인도종교를 유럽에 이해시키는데 지대한 공헌을 했다. 그의 가장 중요한 유산은 그의 저서 『동양의 성서들 *Sacred Books of the East*』 시리즈일 것이다. 이것은 1874년 그의 편집책임 하에 시작되어, 서구의 광범위한 독자들에게 동양사상을 널리 보급하는 데 도움을 주었다.

## 쇼펜하우어, 바그너, 니체

뷔르누프와 스펜스 하디(Spence Hardy)의 열렬한 독자 가운데는 아르투르 쇼펜하우어(Arthur Schopenhauer)가 있다. 그의 초기 저작에는 불교적 색채가 희박하지만, 1844년 『의지와 표상으로서의 세계 *The World as Will and Representation*』 2판을 발행하면서 그 판에 첨가했던 부록편을 보면, 불교사상에 대한 포괄적인 언급과 논의가 들어 있다. 거기서 그는 "불교가 다른 종교보다 탁월하다는 점을 인정하지 않을 수 없다"고 말하면서 유대-기독교를 비판하고 있다. 그는 불교의 열반(nirvana) 교리를 자기의 철학적 관점과 동일시했다. 그는 불교철학에서 모든 지상적 행복이란 공허하기 때문에 그것에 집착하지 말고, 그것과는 전혀 다른 존재방식으로 전환해야 한다는 가르침을 보았다. 그는 기독교가 구세주를 통해 구원을 찾는 반면 불교는 스스로의 의지의 부정에서 구원을 찾는다고 보았는데, 그는 바로 이러한 측면이 기독교적 메시지가 호소력을 상실한 시대에 불교의 새로운 호소력을 증명하는 것으로 보았다.

쇼펜하우어의 동양에 대한 사색으로부터 영향을 받은 사람 가운데 빌헬름 리하르트 바그너(Wilhelm Richard Wagner)와 프리드리히 니체(Friedrich Nietzsche)를 들 수 있다. 바그너는 쇼펜하우어의 저작뿐 아니라 뷔르누프의 독서에서도 역시 깊은 영향을 받았다. 그는 한동안 실제로 자기 자신을 불교도로 자처하면서, 불교야말로 사소하고 편협하기 짝이 없는 모든 다른 도그마와 비교되는 세계관이라고 주장했다. 그도 쇼펜하우어와 마찬가지로 불교를 자기 자신의 전통적 종교보다 우월한 종교로 보았다. 리스트에게 보낸 편지에서 그는 "유대-기독교 교리와 비교해서 이 교리는 얼마나 숭엄하며, 얼마나 만족스러운가"라고 썼으며, 기독교가 "알렉산드로스의 원정 이후 지중해 연안에 확산되었던 저 숭엄한 불교의 한 분파"에 지나지 않는다는 쇼펜하우어의 추정을 반복했다. 불교에 대한 그의 열정에서 그는 붓다의 생애에 기초한 『승리자 *Die Sieger*』라는 오페라를 만들려고까지 했다. 이 오페라는 완성되지는 못했지만, 그 속에 내포된 정신은 그 뒤 그의 오페라 『트리스탄 *Tristan*』과 『파르치팔 *Parsifal*』에 상당히 흡수용해되어 있다.

불교와 니체의 관계는 보다 복합적이고 양면적이면서 더욱 중요하다. 동양에 대한 니체의 관심의 원천은 쇼펜하우어와 바그너가 초기에 미친 영향이 중요하긴 하지만 그들에만 국한되지 않았다. 그의 개인 장서와 그가 바젤 대학 도서관에서 빌린 도서의 기록을 보면, 그가 이 영역에서 광범위한 독서를 했음을 알 수 있다. 그는 평생의 친구였던 폴 드센을 포함하여 그 시대 다수의 주요 인도학자들과도 개인적인 친분을 맺고 있었다.

그러나 니체의 지적 발전에 가해진 동양사상의 영향은 여전히 논쟁의 문제로 남아 있다. 니체와 짧으나마 밀접한 관계를 가졌던 루 안드레아스 살로메(Lou Andreas Salome)는 그의 후기 사상, 특히 영원회귀사상은 인도철학의 영향을 받았다고 주장했고, 또 다른 이들은 니체의 권력의지와 초인에 대한 사색에서도 불교적 색채를 엿볼 수 있다고 말했다. 하지만 니체의 사상들이 전적으로 불교에 적대적이라고 보는 관점들도 없지 않다. 그러나 이러한 관점은 근년에 와서 다소 수정되었고, 많은 사람들은 니체의 저술과 불교교리 사이에 놀라운 유사성이 있음을 인정한다. 분명한 것은 그의 논증 속에 동양사상, 특히 불교사상에 대한 언급이 포함되어 있을 뿐만 아니라 더 나아가 그가 동양철학을 서구철학과 기독교적 가치관을 비판하는 도구로 이용했다는 점이다.

어쨌든 니체는 불교를 높이 평가한 유럽 사상가들 중에서도 대표적인 인물임이 분명하다. 그는 불교야말로 유일하게 진정으로 실증적 종교이며, 신학적 원리이기보다 오히려 '섭생법의 체계'이며, 아마도 미래의 종교가 될 것이라고 생각했다. 그는 또한 언젠가 "유럽적 불교가 필요불가결하게 될 것"이며, 그 자신이 "유럽의 부처가 될 수 있을 것"임을 암시하기도 했는데, 이는 오늘날 서구에서 일어나고 있는 불교 붐을

예견한 것으로 보이기도 한다.

## 회의의 시대와 불교

  이상에서 보듯 불교가 유럽인들의 의식에 개방된 것은 더
이상 새롭거나 이국적인 발견이 아니었다. 그것은 이 시대의
시대적 현상 중의 하나로 인식되기에 이르렀다. 19세기 유럽
에서 불교의 영향은 유교나 힌두교의 영향을 훨씬 능가했다.
이 시대의 한 신학자는 "여러 기독교 국가에서 많은 지성인
들이 불교에 뒤늦게 흥미를 가지게 된 것은 우리 시대의 가장
특징적이고 암시적인 종교적 현상 가운데 하나이다"라고 말
하기에 이르렀다. 이제 불교는 동양뿐만 아니라 이 시대 서구
세계의 이미지를 반영하는 하나의 거울로 작용하게 되었다.
  붓다는 이제 서구 빅토리아 시대에 영웅의 위치를 획득했
다. 그 영웅은 칼라일이 말한 역사의 진로를 바꾼 '위인'들 중
의 하나였다. 서양에서도 붓다의 사상은 기독교 철학에 비해
지적도덕적으로 동일하거나 더 우수한 것으로 인정되었다.
그의 가르침은 힌두교의 가르침과 대조가 되었고, 가톨릭과
도 대조가 되었다. 그리고 붓다는 흔히 종교 개혁가로서 마르
틴 루터(Martin Luther)와 비교되기도 했다. 종교 개혁가들이 기
독교 국가에서 행한 역할을 그는 인도에서 행했던 것이다. 또
한 붓다는 한 인간으로서도 도덕적인 미덕의 모범으로 여겨
졌고, 그의 가르침을 거부하는 사람들에 의해서도 널리 존경

을 받았다.

한편 빅토리아 시대는 '회의의 시대'로서 전통적 기독교 신앙의 정당성이 이전의 어느 시대보다 훨씬 더 광범위하게 의심을 받았던 시대였다. 그러므로 고급 비평이나 실증주의나 다윈주의가 이미 기독교 신앙의 철옹성을 허물어온 판에, 불교가 새로운 종교적 대안의 가능성으로 여겨졌다고 해서 그리 놀랄 일은 아닌 것이다. 사실상 새로이 유포된 불교교리는 기독교적 전통에 대한 종교적 대안을 구하던 많은 사람들에게 엄청난 호소력을 불러 일으켰다. 기독교는 이제 예기치 않았던 새로운 라이벌과 마주친 셈이었다. 논쟁이 가열되었고, 그러한 논쟁들 가운데는 불교와 관련한 기독교의 기원의 문제가 등장했다. 즉, 불교가 기독교 신앙과 의식의 기원이라는 주장이었다. 루이 자콜리오(Louis Jacolliot)는 그의 저서 『인도속의 성경 Bible dans l'Inde』(1868)에서 바이블 그 자체가 인도에 기원을 두고 있고, 예수는 인도에서 수학했으며, 그리스도의 숭배는 힌두교의 크리슈나(Krishna)신[8]을 숭배하는 양식의 변용이라고 주장했다. 또 에르네스트 드 분센(Ernest de Bunsen) 같은 이는 예수는 불교 선교자들이 설립한 에센(Essene)[9] 공동체의 한 구성원이었다고 주장했다. 그 외에도 많은 이들이 그와 유사한 주장을 했으며, 현명한 오리엔탈리스트 막스 뮐러조차도 기독교가 불교의 영향 하에서 발생했다는 결론에 도달했다.

많은 학자들이 불교를 무신론으로 보았는데, 그 점 또한 격렬한 논쟁의 초점이 되기도 했다. 불교가 무신론이라는 주장은 불교를 거부하기 위한 근거가 되기도 했지만, 반면 그렇기 때문에 순수하고 합리적인 도덕성과 비형이상학적인 종교의 모델로 간주되기도 했다. '신 없는 신앙'으로 알려진 불교인지라 어떤 사람에게는 그것이 불교의 불리한 점으로 이용되었으나, 기독교의 유신론의 매력에 싫증이 난 또 다른 사람들에게는 그러한 점이 오히려 매력적으로 보였던 것이다.

불교의 이러한 속성은 19세기 후반 들어 서구 지성인들 사이에 급속하게 파급되고 있었던 실증주의 사조와 제휴하는 결과를 가져왔다. 과학과 종교의 관계에 관한 빅토리아 시대의 격렬한 논쟁 안에서 불교는 과학적 관점, 특히 콩트의 실증주의, 다윈주의, 스펜스의 진화론, 루드비히 뷔히너(Ludwig Bchner)의 유물론, 에른스트 해켈(Ernst Haeckel)의 일원론 등과 내적으로 조화를 이룰 수 있는 것으로 여겨졌다. 에드윈 아널드(Edwin Arnold)에 따르면, "불교와 현대과학 사이에는 밀접한 지적 연대"가 있는 것으로 여겨졌고, 그러한 인식은 그 당시의 지성인들 사이에 거의 공통적인 것이 되었다. 그 결과 서구에서 붓다는 "과학적 종교의 최초의 예언자"로 인정받기에 이르렀다. '회의의 시대'로 표현되는 빅토리아 시대가 전통적 기독교 신앙에 대한 회의를 동양의 불교에 대한 호의로 대체해가고 있었던 것이다.

## 세기말의 현상들

19세기 말에 이르면 동양사상과 특히 불교에 대한 대중적인 관심이 널리 확산되었는데, 이러한 경향에 중요한 영향을 미친 몇 가지 요인을 정리해보고자 한다.

먼저 막스 뮐러와 라이스 데이비스(Rhys Davids)의 열반(nirvana) 개념에 기인하여 나타난 불교에 대한 보다 더 긍정적인 태도를 살펴볼 수 있다. 이러한 불교개념은 순수하게 학문적인 관심의 문제보다는 오히려 불교의 구원적 잠재력을 강조하는 데 도움을 주었다. 따라서 불교는 서구인들의 종교적 정신적인 요구와 관련하여 보다 폭넓게 수용되었다.

이러한 새로운 태도를 처음으로 충실히 표현했던 인물은 저널리스트요, 시인이었던 에드윈 아널드(Edwin Arnold)였다. 그의 유명한 서사시『아시아의 빛 *The Light of Asia*』(1879)은 불교에 대한 학문적 접근을 유도했으며, 동시에 붓다의 이미지와 그의 가르침을 점증하는 낙관주의 정신과 조화를 이루도록 함으로써 불교의 메시지를 대중적으로 널리 확산하는 데 크게 도움을 주었다. 뿐만 아니라 그 시대에 점증하던 다원주의와 절충주의를 반영한 것으로 진리는 여러 언어로 말해질 수 있고, 정신적인 지혜는 기독교에 대해서 배타적이지 않다는 믿음을 나타내었다. 그 시의 성공은 괄목할 만한 것이었다. 그것은 수백만 부가 팔렸고, 6개 국어로 번역되었으며, 30년 동안 한 세대의 고전으로 자리매김되었다. 더욱이 그것은 오페라로 번안되고, 브로드웨이 연극으로도 공연되었으며, 두 개의 칸타타와 한 편의 영화로 만들어지기까지 했다.

아널드가 그 시를 쓴 목적은 "동서양이 서로를 보다 잘 이해하는 데 도움이 되고자 하는 지속적인 욕구에 고취"되었기 때문이었다. 아널드의 경우 분명한 것은 비록 기독교가 가장 혜택을 받은 위치에 있다 할지라도, 신성한 진리는 다른 여러 종교에서도 발견될 수 있다는 그 당시의 진보적 사고를 대표하고 있었다는 점이었다. 그는 사실상 후기 빅토리아 시대의 진보적이고 지적인 아방가르드의 한 사람으로서 다윈, 헉슬리, 허버트 스펜서(Herbert Spencer), 존 스튜어트 밀(John Stuart Mill) 등과 친밀한 관계였다. 아널드는 붓다와 그리스도의 생애와 가르침 사이에 많은 유사성이 있고, 이에 대한 많은 논쟁이 있어왔음을 잘 알고 있었다. 특히 그의 시는 세계 여러 종교에 대해 보다 공평하고 객관적인 접근을 선호하는 여론의 기류를 형성하는 데도 기여했다. 이러한 변화가 서구와 특히 영국의 제국주의적 팽창이 그 극에 달했고, 기독교 선교사업이 클라이맥스에 도달했을 때 일어났다는 점에 주목할 필요가 있다. 이는 그 시의 인기가 서구의 승리가 확산되고 있는 분위기에 역행을 나타내는 의미 있는 조짐이 아닐 수 없다.

신지학회(Theosophical Society)의 출현과 급속한 성장 역시 19세기 말 오리엔탈리즘의 급진적 발전에 대한 또 다른 증거로 볼 수 있다. 신지학회는 1875년 러시아 귀족의 후예인 블라바츠키 부인과 남북전쟁에 종군한 적이 있는 미국의 변호

사 올코트 대령에 의해 설립되었다. 신지학(Theosophy)이라는 용어는 신플라톤주의와 그노시스교 전통을 거쳐 3세기의 그리스 철학자 포르피리(Porphyry)에게까지 거슬러 올라간다. 블라바츠키 부인과 올코트 대령이 그것을 채택한 것은 이러한 전통과의 연계를 반영하기 위함이었으며, 그들의 새로운 운동을 모든 종교적 전통에 내재하는 고대의 보편적 진리와 동일시하기 위함이었다. 그들은 일찍이 신비주의(occultism)에 관계한 적이 있었고, 그 후 그들의 관심은 동양으로 옮겨가 1878년 함께 인도와 실론(Ceylon, 지금의 스리랑카)을 여행했다. 그 두 나라는 신지학회의 활동에 중요한 기반을 제공했다. 그들은 실론에서 불교도의 옹호자로서 크게 환영을 받았고, 도착 직후 아마도 유럽인으로는 최초로 공개적으로 불교에 귀의했다.

신지학회의 중심적인 메시지는 블라바츠키의 『베일벗은 아이시스 Isis Unveiled』(1877)와 『비밀 교리 The Secret Doctrine』(1888)와 같은 저서에서 잘 나타나고 있으며, 그것은 본질적으로 '영원한 철학(philosophia perennis)'이라는 사상의 부활이었다. 즉, 모든 현상은 본질적으로 정신적이며 단일하고 영원한 원리에서 나오며, 그것은 개인의 깨달음에서 가장 분명하게 나타난다고 하는 믿음으로 요약될 수 있다. 그녀의 저작에는 점차적으로 동양사상이 주입되었고, 사실상 힌두의 베단타, 불교와 서구 비교(秘敎)철학에다 동시대의 진화론적 사상과도 뒤섞였다. 그녀는 자신의 믿음을 정의하기 위하여 아시아적 술어를 사용하였는데, 마야(maya), 카르마(karma), 재육화(reincarnation), 명상(meditation)과 같은 동양적 관념은 신지학회가 이를 유럽의 언어로 옮긴 것이었다. 또한 블라바츠키는 보편적 철학을 주장하면서 제도화된 기독교를 경멸했고, 기독교가 동양에서 유지되어온 비교적(秘敎的) 진리를 거부했기 때문에 더욱 그것을 비난했다. 그녀가 볼 때 서양이 진정한 지혜의 원천을 회복하기 위하여 향해야 하는 곳은 동양이었던 것이다.

　신지학회 운동은 다양한 활동과 수많은 출판물을 통해서 아시아의 종교와 철학사상을 서양에 널리 보급하였고, 동서의 대화를 촉진하는 데 크게 기여했다. 그 운동이 정점에 도달했을 무렵 신지학회는 인도와 유럽과 미국에 400개의 지부를 가지고 있었고, 1920년에는 45,000명 이상의 회원을 확보하고 있었다. 비록 20세기에 들어 내부적 불화와 분열로 인해서 그 영향력이 상당히 감소하긴 했지만, 그 영향은 많은 영역에서 지속되고 있다.

# 만남의 확대와 변용

세기말을 넘기고 20세기 초에 접어들면, 이제 교육받은 유럽인들 가운데 계몽주의의 합리적 이상과 진보에 대한 맹목적 믿음에서 새롭게 깨어나려는 각성의 기운이 감돌았다. 게다가 퇴폐와 몰락에 대한 매혹과 새로운 낯선 사상의 세계를 탐험하고자 하는 의욕이 수반되었다. 지금까지 발전해온 서구문명의 전통은 위안뿐만 아니라 회의와 불만을 함께 가져다 줌으로써 보다 새로운 의미 있는 대안을 탐색하고자 했다.

따라서 이 시기는 엄청난 문화적 소란의 시기로서 실증주의와 정신분석학과 같은 여러 가지 운동, 다윈주의와 우생학과 같은 사회적 이슈들, 상징주의, 표현주의와 관련된 예술 문학이론, 그리고 톨스토이즘과 바그너리즘[10]으로부터 신이교주의(neo-paganism) 및 신비주의에 이르기까지 다양한 여러 사상적 유행과 함께 이례적인 일련의 지적 투쟁의 소용돌이가 휘몰아친 시기였다. 특히 프리드리히 니체는 기독교뿐만 아니라 진보와 과학적 합리주의에 사로잡힌 서구의 모든 계몽주의적 기성관념에 대한 환멸을 표현하면서, 새로운 가치관과 세계관을 탐구하려는 열정을 부추겼다. 새로운 세기의 시작과 더불어 나타난 혼란스럽고 불안정한 문화적 소용돌이에 대한 여러 가지 반응들 중에는, 오리엔탈리즘도 포함되어 있었다. 그것은 이 시대에 나타난 다른 여러 가지 지적문화적 현상들과도 관련을 맺으면서, 철학이나 신학, 심리학 같은 분야에 동양사상의 창조적 접목을 시도하기도 했다.

뒤이어 서구세계 자체가 스스로의 전통과 불온한 대결을 겪으며, 동양철학에 대한 탐색이 증가되었다. 서구세계 자체의 고유의 세계관은 폐기되고, 동양이든 또 다른 어느 곳이든 새로운 대안의 세계를 향한 탐색이 요구되었다. 앞의 세기에서는 동양과의 만남이 비교적 소수의 지식인들에 국한되었던데 비해, 세기가 바뀌면서 대중적인 종교적 탐색으로부터 학문적 연구에 이르기까지 훨씬 더 넓은 범위의 지적, 문화적 탐색의 시도가 이루어졌다. 동서양 문화의 만남의 확대는 전통적인 서구 문화의 변용으로 나타나게 되었다.

## 지속과 변화

20세기의 여러 가지 정치 사회적 변화는 그 시기 오리엔탈리스트 사업에도 영향을 미치게 된다. 하지만 이전 세기들의 관심과 태도가 여전히 지속되고 있음을 여러 가지 면에서 확인할 수 있다. 19세기 중엽에 처음 꽃을 피웠던 불교에 대한 관심은 20세기 늘어 완전한 성숙에 도달한다. 1903년과 1906년, 독일과 영국에서 각각 불교연구회가 설립된 것은 이 점에서 중요하다. 그 두 조직은 불교의 사상과 실천방식을 전파하는 데 크게 기여했다. 중국사상과 문화는 낭만주의 시대 이후 빛을 잃고 오랫동안 무시되고 경멸당했지만, 아서 웨일리(Arthur Waley)가 일련의 중국시를 번역함으로써 그 대중적 인기를 다소 회복하게 되었다. 그것은 예이츠(Yeats)와 파운드(Pound) 같은 현대 시인들에게 심원한 영향을 주었고, 다시 한번 서구 학자와 철학자들에게 관심의 대상으로 떠올랐다.

힌두교는 특히 베단타 형식을 통해 새로운 호감을 얻었고, 낭만주의 시대를 능가하는 인기를 이 시대에도 획득하게 되었다. 힌두교의 이러한 부흥은 힌두교 지도자 스와미 비브카난다(Swami Vivekananda)의 선교사업에서 촉발되었다. 그의 영향력은 1893년 9월 11일 시카고에서 개최된 세계종교회의(World's Parliament of Religions) 이후 1894년에 그가 설립한 베단타학회에 의하여 20세기로 이행되었다.

그러나 이러한 지속성과 더불어 서양이 알고자 했던 동양사상과 철학의 범위는 20세기에 들어 엄청 넓어지게 되었다. 대승불교가 서구인들의 의식 속으로 들어오게 된 것이 가장 두드러진 일이었다. 19세기에 대승불교는 보통 '근본불교'의 변질되고 타락한 형태로 간주되었지만, 20세기에 들어와 새로운 인식을 얻게 되었다. 대승불교 가운데서도 특히 선불교(Zen Buddhism)가 서양에 가장 강력한 영향을 미쳤다. 선은 세계종교회의가 결성된 시기에 처음 서양에 전해졌다. 그것은 미국학자 어네스트 페놀로사(Ernest Fenollosa)와 라프카디오 허언(Lafcardio Hearn)이 일본을 방문하여 일본문화와 서구를 비교하기 이전이었다. 그러나 일본인 스즈키(D. T. Suzuki)의 글들이 낯설고 유혹적인 선의 세계로 서구인들의 정신을 인도했던 것은 제2차 대전 중이었고, 1945년 일본의 패망에 뒤이어 일본과 서구 사이에 문화적 장벽이 허물어지면서 스즈키의 글들은 미국과 유럽에서 광범위한 독자를 끌어들이면서 호의적인 반응을 불러일으키게 되었다.

제2차 대전 후, 특히 비트와 히피운동과 관련한 문화적 개화기 동안 서구에서는 기성 전통과 교리에 만족하지 못한 수많은 사람들이 문화적 해방과 정신적 만족을 갈망하였다. 따라서 선이 그 심미적 순수주의와 독단적이지 않는 정신성 그리고 즉각적인 깨달음의 약속으로 서구에서 꾸준히 수용되어 온 것은 전혀 놀라운 일이 아니다. 또한 티베트에 대한 중국의 침략과 동화정책, 달라이 라마와 그의 많은 추종 승려들의 망명과 그 결과로 티베트 불교가 서구에서 더욱 주목을 받게 되고, 그 호소력이 급속히 확산된 것도 20세기에 나타난 경이적인 사건 중의 하나였다. 선불교보다도 더욱 다채롭고 이국적인 티베트 불교의 비교적(秘敎的) 교리와 실행들은 서구에서 새로운 비옥한 토양을 발견하게 되었다. 달라이 라마를 비롯한 티베트 불교 승려들의 놀라운 수준의 지적, 정신적인 능력은 그들의 뛰어난 심리적 통찰력과 함께 계속해서 서구 지식인들을 사로잡고 있다. 그리하여 처음에는 근본불교의 교리에서 벗어난 타락된 유파로 경멸받았던 티베트 불교가 최근에와서는 서구 지식인들에 의해 진지하게 받아들여지고 있다.

중국의 도교는 아마도 서구인들의 마음을 끌게 된 동양철학의 마지막 주요 물결이 아닌가 한다. 도교는 처음 제수이트회 선교사를 통해 서양에 알려지긴 했지만, 계몽주의 시대에는 대중적 미신으로 간주되어 서구인의 마음을 교화할 수 있는 처방으로는 보지 않았다. 그러나 제임스 레그(James Legge)와 알렉시브(V. M. Alekseeve)의 초기 번역, 카를 융과 앨런 와츠(Alan Watts)와 같은 사람들의 관심과 함께 최근 들어 도교는 그늘에서 벗어나 마음과 자연의 새로운 개념을 형성하는 데 적지 않은 역할을 하기 시작했다.

마틴 팔머(Martin Palmer)는 "도(道)라는 용어가 물리학의 유명한 도에서 컴퓨터 기술의 도에 이르기까지 광범위한 대안적 위치와 관념을 서술하고 정당화하기 위해 사용되어왔다"고 말한다. 그리고 그는 계속하여 도교는 "도전적이고 불유쾌한" 방식으로 "우리 문화의 개인주의와 권력과 이원론적 사고와 유물론에 대해서 할 말이 많다"고 주장한다.

탄트라 요가는 최근에 심리치료의 한 가지 방법으로써 서구인들의 흥미를 끌게 되었다. 정신적 깨달음을 향한 한 가지 수단으로서 성교(性交)를 사용하는 것이 인기를 끄는 이유 중의 하나였다. 그러나 탄트라가 정신과 육체의 통합을 강조한다는 점에서 그것은 인간존재의 육체적, 정신적 차원을 함께 중요시한다고 볼 수 있다.

동양에서 서양으로 사상이 이동하는 양식 또한 새로워졌다. 초기에 오리엔탈리즘은 주로 문헌상의 문제, 즉 서양에 들어온 동양문헌이 만들어내는 이미지와 그것에 대한 견해의 문제였다. 그것들을 번역하고 해석하는 것은 학자들과 철학자들 그리고 지식인들의 몫이었다. 따라서 그것들은 본래의 원전들과는 거리가 멀었고, 직접적인 현장의 경험과는 거리가 있었다. 물론 동양으로 여행을 떠나 현장 문화의 직접적인 지식을 얻었던 서양인들도 있었다. 그러나 학자들이든, 종교적인 구도자들이든 다수의 서양인들이 지식이나 깨달음을 얻기 위하여 동양으로 향했던 것은 20세기에 이르러서였다. 그들 가운데는 동양식 이름을 채택하기도 하고, 새로운 동양문헌이나 정보와 아울러 동양적 지혜의 실행을 익혀 교사가 되어 서양으로 되돌아온 사람들도 있다. 마찬가지로 서양의 지적 전통 속에서 교육을 받고, 오리엔탈리스트 활동에 능동적으로 참여하여 동양사상을 서양에 전파한 수많은 동양사상가들의 행적 또한 중요하다.

동양인들이 서양으로 간 이민의 증가 또한 서양 속에 동양 문화의 영향을 증가시킴으로써, 동서양 문화의 직접적인 상호작용을 촉진한 요인이 되고 있다. 현재의 관점에서 이러한 요인들의 중요성은 20세기의 오리엔탈리즘이 점차적으로 동서양 문화 사이의 복합적인 상호 작용의 문제가 되고 있다는 사실에 있다.

## 문학적 차원

20세기에 이르러 오리엔탈리즘의 새로운 물결을 일으켰던 문화적 힘들을 보다 상세히 점검해보면, 먼저 세기의 전환기에 오리엔탈리즘의 확산을 가져온 여러 가지 활동들이 있었다. 예를 들면 신지학회의 급속한 팽창, 아널드와 카러스의 대중적 노력, 세계종교회의의 영향, 비브카난다의 선교활동, 20세기 초에 유럽에서 설립된 불교학회 등이다. 이들 제도적인 요인들은 인쇄 매체를 통해서 의사소통의 확대를 가져왔다. 19세기가 끝날 무렵 서양에서는 동양 문헌의 번역이 확산되었고, 대중적이든 학술적 형식이든 동양철학과 종교에 대한 글들이 널리 확산되었으며, 또한 그러한 책들을 위한 시장이 확대되었다. 더욱이 최근 몇십 년 동안에는 요가와 동양무술에서부터 초월적 명상과 달라이 라마의 숭배에 이르기까지 동양철학과 종교에 관련된 여러 가지 실천이 다양회되고 또한 번성하고 있다.

오리엔탈리즘은 또한 20세기 초의 아방가르드 문학운동과도 관계를 맺는다. 서구 제국주의와 관련해서 현대 서구문학에서 오리엔탈리즘의 위치를 점검하는 것은 별개의 연구를 요하겠지만, 20세기 초에 일어난 모더니즘 운동에 동양사상이 끼친 영향은 적지 않다. 대중적인 현대문학에서도 동양적 이미지와 주제를 사용하는 경우는 흔히 나타난다. 그러나 동양은 모더니즘 운동의 선구자들에게 이국적인 수사나 제재, 또는 낭만적 구성을 위한 대상 훨씬 이상의 것이었다. 자오밍 퀴안(Zhaoming Qian)은 "오리엔탈리즘은 1910년대와 20년대 모더니즘의 구성요소이다"라고 말했는데, 이는 근거 없는 말이 아니다. 사실상 당시 서구에서는 과학적 합리주의와 진보에 대한 믿음의 상실로 인해 깊은 문화적 위기의식을 느끼고 있었으며, 새로운 재현양식에 대한 필요성에 오리엔탈리즘이 어느 정도 부응할 수 있었기 때문이다.

세기의 전환기에 나타난 문화적 위기에 대한 반응이었던 모더니즘은 본질적으로 새롭고 정화된 의식을 요구했다. 그것은 빅토리아조의 낡은 취향과 인습을 정신적으로 정화되고 진보적인 태도로 대치하는 것이었다. 동양적 주제는 먼저 예이츠의 작품에서 지속적으로 나타난다. 동양철학에 대한 그의 관심이 과소평가된 면도 있지만, 그럼에도 불구하고 그가 동양 종교에 대해서 상당한 지식을 가지고 있었고, 그의 지식이 그의 작품에 상당한 영향을 끼쳤다는 것은 분명하다. 그는 몽상가요, 신비가였고, 서구의 합리적인 사상과는 대조적인 신플라톤주의나 블레이크(Blake), 스웨덴보그(Swedenborg)의 시적 신비주의에 이끌렸다.

　1887년에 그는 런던에서 신지학회에 가입했고, 이를 통해 각 개인은 브라만(brahman)과 동일시되는 더 높은 초월적 자아(higher Self)의 현시로 보는 아드베이타 베단타(Advaita Vedanta) 교리에 접하게 되었다. 그는 후에 친구였던 에즈라 파운드(Ezra Pound)의 권고로 일본의 능극(能劇)을 접한 후 그것에 대한 열렬한 찬양자가 되었고, 스즈키의 글을 통해서 선불교에도 관심을 갖게 되었다. 그는 그것을 모든 지적 추상을 단절할 수 있는 동양적 지혜의 정점으로 보았다.

　예이츠는 당시 시각예술, 음악과 병행해서 문학에서의 모더니즘 운동을 주도했던 중요한 인물이었다. 이러한 운동에 공헌했던 다른 여러 주요 인물들 또한 동양적 전통에 깊이 개입하고 있었다는 것은 흥미로운 일이다. 이러한 현상의 공통적인 요인은 그 당시 많은 작가들이나 사상가들이 문화적 갱신의 원천으로서 동양을 주목하게 했던 신지학회의 영향이었다. 그러한 인물 중의 하나로 에즈라 파운드를 또한 빼놓을 수 없다. 파운드 역시 일본의 능극에 관심을 보였다. 그러나 그의 동양적 관심은 이를 훨씬 넘어섰다. 그의 가장 유명한 시 작품 『캔토스 Cantos』는 강한 동양적 영향을 보여준다. 그리고 그는 여러 차례 중국 한시(漢詩)와 철학고전을 영어로 번역하였다. 미국의 오리엔탈리스트 페놀로사의 인도로 중국 한시를 접하면서 한자의 상형 문자적이고 구체적인 성격이 시의 이상이라고 확신했는데, 이를 두고 엘리엇은 "파운드는 우리 시대를 위해 중국시를 창안했다"고 말하기까지 했다.

T. S. 엘리엇에 끼친 동양의 영향 역시 잘 알려진 사실이다. 하버드 대학 재학시절 그는 어빙 배비트(Irving Babbit)의 영향으로 산스크리트어와 동양종교를 공부했고, 힌두경전, 특히 바가바드기타는 나중에 그의 『네 개의 4중주 *Four Quartets*』를 쓰는 데 중요한 요인이 되었다. 그 시에서 시간과 영원에 대한 주제와 무한한 순간의 신비적 경험을 시적 술어로 파악하려는 시도 등은 바가바드기타의 영향이었다.

또한 그의 대표적인 시 『황무지 *The Waste Land*』에서는 불교 교리가 나타나고 있는데, 스티븐 스펜더(Stephen Spender)에 따르면 그가 이 시를 쓰고 있었을 때 불교도가 되고자 하는 생각을 심각하게 했다고 한다.

20세기 초 서구의 문화적·정신적 위기와 그 갱신을 위해서 새로운 대안의 주제를 동양에서 찾고자 했던 이는 이들만이 아니다. 올더스 헉슬리(Aldous Huxley) 역시 그러한 인물 중의 하나이며, 그 또한 모더니스트 시인들처럼 서구 현대문명의 정신적 불모와 절망으로 인해 신앙의 위기를 겪어왔고, 베단타의 신비주의에서 인생의 의미를 회복하는 방법을 찾고자 했다. 그의 유토피아 소설 『섬 *Island*』에서는 동양적 주제와 함께 서구의 과학주의와 유물론에 대한 대안으로 불교와 생태주의적 이상이 결합되어 나타난다.

독일의 헤르만 헤세(Hermann Hesse) 또한 현대문명에 대한 불안감과 환멸, 정신적인 상실감을 회복하기 위해 동양적 주제로 시선을 돌리게 되는데, 이는 그의 만년의 대작 『유리알 유희 The Glass Bead Game』에서 가장 웅변적으로 표현되어 있다. 그는 선교사의 아들로 인도에서 유년시절을 보냈고, 후에 다시 그곳을 여행하기도 했다. 평생을 통해서 그가 추구했던 것이 기독교와 동양의 신비적 종교의 종합을 달성하는 것이었다. 그의 가장 유명한 소설 중의 하나인 『싯다르타 Siddhartha』는 고타마 붓다의 젊은 시절에 토대를 둔 소설로서, 붓다의 인간성과 그의 가르침에 대한 감동적인 표현을 통해서 자신의 신앙을 고백하고 있는 일종의 고백서이다.

헉슬리와 헤세의 작품은 전 시대 에드윈 아널드의 『아시아의 빛』처럼 1950년대 이래 서구 독자들의 상상력에 엄청난 영향을 미치게 되었다. 이 시기는 지성인들이나 교육받은 대중들 가운데 동양사상에 대한 관심이 급속히 성장하던 시기였다. 그리고 이 시기에 현저한 사회 문화적 현상으로서의 오리엔탈리즘은 미국에서 이른바 '비트운동'의 출현으로 나타난다. 미국에서 보헤미안적인 일단의 예술가 집단들을 중심으로 하여 19세기 미국의 초절주의자들과 프랑스의 실존주의자들에게서 영향을 받아 발생한 이 운동은 개인의 진정성과 고양된 의식상태에 이르기 위해서 동양적 방식이 유효함을 전파하는 데 중요한 역할을 했다. 자발성과 즉각적인 깨달음을 강조하는 선불교는 이들에게 특별히 매력적인 것이었고, 게리 스나이더(Gary Snyder), 잭 케루악(Jack Kerouac), 앨런 긴

즈버그(Alan Ginsberg) 그리고 앨런 와츠(Alan Watts) 등은 헉슬리와 헤세와 마찬가지로 많은 젊은 세대들을 동양철학과 그 정신성으로 인도하는데 큰 역할을 했다.

게리 스나이더는 1951년에 스즈키의 글을 통해 선불교를 처음 접했고, 그 후 일본에서 10년 동안 선의 지도를 받은 후 미국 자연권 이념과 아울러 불교와 미국 인디언 사상에 입각한 대안 윤리를 계발하는 데 힘써 왔다. 앨런 와츠의 글들은 『비트선과 광장선과 선 *Beat Zen, Square Zen, and Zen*』이란 그의 유명한 에세이와 함께, 선과 도교의 이념을 서구적 술어로 번역하려는 노력을 통해서 광범위한 영향력을 행사했다. 선을 과학과 심리학과 연결시켜보려는 그의 시도는 학자들에 의해 아마추어적인 것으로 거부되었지만, 그의 웅변적이고 자극적인 문체는 일반적인 독자들이 선에 보다 가까이 접근하도록 도왔다. 그의 『동서양의 정신요법 *Psychotherapy East and West*』은 동양적 수행의 변형적이고 해방적인 잠재력에 대해 강조하고 있으며, 1961년 그 책이 처음 출판되었을 때부터 널리 관심을 불러 일으켰다. 역사가 디오도어 로작(Theodore Roszak)은 와츠에 대하여 "선과 도교의 통찰력을 서양적 과학과 심리학의 언어로 번역하는 가장 결정적인 노력을 해왔다"고 증언한다.

그러나 비트족들은 대개 선을 제대로 이해하지 못했고, 왜곡시켰다는 지적을 받아왔다. 예를 들면, 찰스 프레비시는 그들이 "선의 은둔적 생활과 강제적인 기율의 바로 그 토대"를 무시하고, 또한 선 경험의 무아경의 특질을 에로틱하고 알콜

릭한 술어로 바꾸어놓고 있다고 비난한다. 그럼에도 불구하고 비록 진정한 선에 이르지는 못했다 할지라도 "그들의 우스꽝스런 광대짓과 함께" 비트족들이 "불교를 위한 진정한 미국적 시작을 제공하는 데" 가까이 다가갔음을 프레비시 자신 또한 인정한다.

1960년대의 히피 현상은 여러 가지 면에서 비트운동의 지속이요, 신성화였다. 사회적 차원에서 그것은 표준화되고 경쟁적인 물질주의의 인습적인 문화에 대항하는 대항문화를 대표했고, 철학적인 면에서는 과학적 합리주의에 대한 과격한 비판이었으며, 종교적인 면에서는 마음 확장기술과 마약 사용을 통해서 정신적 깨달음에 이르고자 하는 새로운 길의 추구였다. 이러한 목표에 이르기 위해서 이 시기에 많은 사람들이 동양철학과 그 실천을 열심히 공부했다. 그리고 그것은 서구 가치관과 생활방식의 재평가였고, 대안으로서의 강력한 도구였으며, 단순한 도피의 방식이 아니라 정치적 해방의 방식이었다.

살아 있는 사회적 현상으로서 한 시대를 풍미했던 비트와 히피운동은 이제 역사의 일부가 되었고, 흔적의 잔여물로서 남아 있을 뿐이다. 그러나 그들의 유산은 서구, 특히 미국사회의 모든 면에 남아 있고, 동양철학의 지속적인 인기에 공헌하고 있다. 이제 그들의 유토피아적 수사는 식었고, 혁명적인 열정은 비정치적인 실용주의에 길을 양도하고 있지만, 개인의 진정성과 새로운 형식의 정신적 성장과 구원을 위한 추구는 후세의 세대들에게도 계속되고 있다. 사실상 많은 점에서 서구철학에 대한 대안으로서 동양에 대한 추구는 계속된다고 보아야 할 것이다.

## 지적 · 학문적 차원들

학문연구로서의 오리엔탈리즘은 윌리엄 존스나 앙크틸 뒤 페롱, 빌헬름 슐레겔과 같은 사람들의 개척자적인 활동으로 훨씬 일찍부터 시작되었다. 그리고 19세기에는 뷔르누프, 막스 뮐러, 드센, 라이스 데이비스와 같은 사람들의 활동으로 성숙에 도달했다. 엄청난 양의 동양 종교문헌을 번역하는 작업 또한 중요한 일이었다. 이러한 작업에서는 팔리어경전학회(Pali Text Society)의 작업과 막스 뮐러의 『동양의 성서들 *Sacred Books of the East*』 시리즈, 그리고 제임스 레그의 유교와 도교의 주요 경전 번역 등이 대표적인 것이었다.

학술적 제도의 급성장, 전문화의 추세와 자연과학과 사회과학에서 수입된 방법론의 응용을 기반으로 하여 동양학 연구는 모든 면에서 번성해왔고, 풍요한 결실을 거두었다. 그리고 이러한 연구의 성과를 높이는 데는 런던의 동양근 아프리카 연구학파(The School of Oriental and African Studies)와 네델란드 라이던(Leiden)의 중국학 연구소(The Institute of Sinology), 하와이의 동서문화센터(East-West Center), 스탈린에 의해 폐쇄되었지만 레닌그라드 동양학연구소(Leningrad Oriental Institute) 등이 서구에서 동양학 연구와 동양학 교육을 위한 중심이 되었다. 19세기처럼 20세기에도 저명한 동양학자들을 배출되었으며, 토머스 클리어리(Thomas Cleary), 에드워드 곤스(Edward Gonze), 헬무트 폰 글라스나프(Helmuth von Glasenapp), A. C. 그레이엄(Graham), 마르셀 그라네트(Marcel Granet), 허먼 올덴버그(Hermann Oldenberg), 기우세프 투치(Giuseppe Tucci), 하인리히 치머(Heinrich Zimmer) 등이 그러한 사람들이다.

동양학의 학문영역을 넘어서서 보더라도 서양의 지적 문화는 동양에서 발원한 여러 관념들과의 융합을 여러 방면에서 증가시켜 갔다. 동양철학에 밀접한 관심을 가졌던 20세기 서양의 저명한 사상가와 작가들의 명단을 살펴보면, 롤랑 바르트, 데이비드 봄, 폴 클로델, 에리히 프롬, 찰스 핫숀, 마르틴 하이데거, 올더스 헉슬리, 카를 융, R. D. 라잉, 로버트 온스타인, 알베르트 슈바이처, 에르빈 슈뢰딩거, 루돌프 슈타이너, 폴 틸리히, 아널드 토인비, H.G. 웰스, 루드비히 비트겐슈타인 등…… 수없이 계속된다.

이들 중 그 누구도 굳이 오리엔탈리스트라고 지칭할 수는 없다. 그러나 그들 모두가 자기들의 사상이나 계획을 고대 중국이나 인도의 전통과 결부시킴으로써 영감을 얻었던 인물들이다. 그들이 서구사상이나 문화를 동양사상의 도움을 받아 수정하고 변형하고자 했다고 주장하는 것은 과장일지도 모른다. 그럼에도 그들의 활동이 동서양 문화가 창조적인 대화에 의하여 서로 작용하고 서로 풍요로워질 수 있음을 입증하고 있음은 부인할 수 없다. 사실상 그들 중 어떤 사람들의 경우에는 서양으로의 동양철학의 유입이 상당한 역사적문화적 중요성을 나타내는 것으로 인식한다. 예를 들어 융의 경우 동양은 "우리의 정신세계를 혼동으로 내던지고 있고" "새로운 정신적 신기원의 문턱"으로 우리를 밀어붙인다고 말한다.

철학자 N. P. 야콥슨(Jacobson)은 서양이 불교를 만난 것은 "우리 시대의 가장 중요한 사건의 일부로서, 인간의 역사적 발전에 있어서 전례가 없는 사건"이며, "불교도가 되는 것은 인간성이 그 유기적 전체성을 지속적으로 발견하는 데서 중심적인 역할을 해온" 것으로 믿는다고 말한다. 역사가 아널드 토인비 역시 동서양의 지적, 문화적 만남은 새로운 역사의 신기원을 선도하게 될 것이라고 주장하기까지 했다.

그는 그의 책 『시련에 처한 문명 *Civilization on Trial*』에서 "앞으로 여러 세기 후에 미래의 역사가들이 20세기 전반기를 되돌아볼 때, 우리 시대의 두드러진 사건으로서 꼽을 수 있는 것이 무엇일까?"라고 묻고 나서, 그는 그것이 "선정적이거나, 비극적이거나, 혹은 대 이변의 정치 경제적인 사건들이 아니라, 오히려 동서양 문명 사이의 낡고 편협한 구별의 종식으로 인도하는 동서양 상호 간에 대한 영향과 세계 공동체의 출현과 경제력이 아니라 종교적 합일의 산물로 보이게 될 혁명"이라고 대답했다.

# 포스트오리엔탈리즘을 향하여

그럼 이제 20세기를 지나 21세기에 접어든 이 시점에 이르러 우리는 다시 한 번 오리엔탈리즘의 전개양상을 새롭게 점검해볼 필요를 느낀다. 오리엔탈리즘은 지금 어디에 와 있는가? 그리고 그것은 앞으로 어떤 모습으로 나아갈 것인가? 과거에 오리엔탈리즘을 생육시킨 요인들이 근래에 와서 거의 사라지고 있는 오늘날의 서구 세계에, 오리엔탈리즘의 생명은 여전히 존속할 수 있을 것인가? 과거 서양이 동양에 대해 행사했던 제국주의가 이제 거의 사라지고, 문화적경제적 헤게모니조차도 도전을 받고 있지 않는가? 동양철학에 대한 유럽인의 마음을 사로잡았던 진 시대의 열망은 다원성과 상대주의적 세계관에 길을 양도해왔고, 오리엔탈리즘의 지배적 신화였던 동양과 서양의 이원성의 구조도 붕괴되고 있는 현실이 아닌가? 사실 서양의 제국주의는 모더니티의 토양 위에서 번성을 누렸던바, 이제 제국과 모더니티의 종식과 더불어 이방의 '타자'에 대한 동경도 마침내 소멸해버린 이 시대에 만약 오리엔탈리즘이 계속 존속한다면, 그것은 과거의 오리엔탈리즘과는 다른 모습의 오리엔탈리즘이어야 하지 않겠는가? 그것을 '포스트오리엔탈리즘'으로 명명하면 어떨까?

사실 오늘날 심화되고 있는 문화의 세계화 현상은 다원적이고 중층적인 정체성을 생성하면서, 세계가 새로운 형식으로 상호 의존하는 관계로 지향하고 있다. 지적 영역에서도 사상과 실천의 혼성이 그 어느 때보다도 활발하게 이루어지고 있는 듯하다. 그렇다면 이제 오리엔탈리즘은 역사 속으로 사라지고 말 것인가? 아니라면 어떤 새로운 모습으로 변화하게 될 것인가? 사실 오리엔탈리즘은 최근에 와서 분명 변화되고 있음을 본다. 이러한 변화는 사이드에 의해서도 이미 예측된 바 있다. 그는 "오리엔탈리즘이 과거에 그래왔던 것처럼 지적으로나, 이데올로기적으로나, 정치적으로 어떤 도전도 받지 않고 항상 그대로 통용될 필요는 없을 것"이라고 토로한 적이 있는데, 이제야말로 그의 예측이 실현되고 있는 시기가 아닐까? 즉, 이제 동양은 서양인에게 지배나 착취의 대상도, 영원하고 초월적인 지혜의 터전도 아닌 다양하고 다층적인 문화적 요인과 여러 가지 다양한 역사적 조건에서 발생하는 지적 활동의 무대가 되고 있다. 더욱이 오리엔탈리즘은 동서양의 양극성이라는 본질주의에 의문을 제기하면서, 그것이 생성된 사회적정치적 조건을 심문함으로써 그 자체의 담론의 구조를 해체해가고 있다.

그럼에도 불구하고 오리엔탈리즘은 비록 변형되었지만, 살아 있음을 암시하는 여러 가지 징후들이 있다. 그리고 실제로 그것은 이전보다 더욱 활발하게 번성하면서 서구문화의 많은 여러 가지 양상에 심대한 영향력을 계속 행사하고 있다. 순수 학문적 영역과 공적이고 개인적인 관심 영역 할 것 없이 서양에 있어서 동양은 여전히 관심과 호기심의 대상이며, 문화적 비평과 영감의 강력한 원천이 되고 있다. 오리엔탈리즘의 이러한 경향은 그것이 오늘날의 다른 주요 지적 담론들과도 어떤 흥미로운 관련성을 유추케 하는데, 특히 그것은 많은 점에서 포스트모더니즘과 제휴하고 있다는 느낌을 준다.

오리엔탈리즘은 문화적 다원주의와 상대주의 개념과 함께 모더니즘의 중심적 신화들에 의문을 제기하면서, 배제되었던 인식론이나 숨겨진 역사의 복원을 주창한다는 점에서 포스트모더니즘의 주장과 상응하고 있다고 할 수 있다. 지금까지 보아온 것처럼 오리엔탈리즘은 사실상 오랫동안 지배적인 유럽의 인식론적 질서에 도전해왔다. 그것은 흔히 지식을 합리적 요구와 입증에 근거를 두고자 하는 보편적이고 문화중립적인 토대를 세우는 가능성에 대하여 의문을 제기한다.

또한 그것은 현대 서구문화의 특수한 가치관뿐만 아니라, 이들 가치관이 근본적이고 보편적인 규범이라고 하는 가설에도 의문을 제기한다. 그러면서 합리성과 개인주의 그리고 진보와 같은 서구적 개념을 다른 문화를 판단하는 잣대로 사용하는 것에 대해서도 비판을 제기한다. 오리엔탈리즘의 이러한 속성은 그 자체로 포스트모더니즘과 상당한 점에서 공유하는 속성을 가지고 있다.

그렇다면 이제 모더니즘을 넘어선 포스트모더니즘의 시대에 오리엔탈리즘 자체는 어떤 변화의 양상을 보이고 있는가? 사실상 오늘날 오리엔탈리즘은 모더니즘의 전 시대를 넘어서서 새로운 방향을 지향하는, 그래서 새로운 건설적 가능성을 구하고자 하는 긍정적인 전망의 증거를 여러 가지로 보이고 있다. 나는 여기서 그러한 증거를 클라크의 견해에서 몇 가지 차용해오고자 한다.

그 첫째 변화는 동양의 정신적인 사상과 실천을 채택하고 있는 서양인들의 수가 더욱 증가하고 있는 현상과 관련된다. 지난 몇십 년에 걸쳐 개인적으로든 조직 안에서든 많은 서양인들이 동양적 방식들을 채택했는데, 그 범위는 명상과 요가의 규칙적인 연습에서부터 선이나 티베트 불교를 포함하여 철저한 종교적인 참여에 이르기까지 넓은 범위에 걸쳐 있다. 그 중에서도 클라크는 특히 도교에 대해서 주목한다. 비록 불교의 대중적 호소력에는 아직 미치지 못하고 있지만, 도교 역시 이러한 경향의 중요한 예가 되고 있다.

두 번째로 최근 오리엔탈리즘이 서양에서 보이고 있는 변화에는 그것이 생태학 또는 생태주의 운동과 관련해서 건설적인 기여를 하고 있다는 점이다. 이 운동은 서구의 문화적 전통에 뿌리를 두고 있지만, 서구사회가 그동안 추구해온 근대적 가치관에 대해 급진적 비판을 가하면서 서구뿐만 아니라 전 지구적 맥락에서 유용한 방식을 차용하려고 하는데, 그중에서도 특히 주목을 받는 것이 동양철학의 전통이다. 도교와 불교가 이에 대해서 가상 유용한 방식과 통찰력을 제공해주고 있음은 여러 가지로 입증된다.

이상의 예들이 다소 추상적인 면이라면, 마지막 예로 현재 일어나고 있는 광범위한 정치-경제적인 몇 가지 변형들과 오리엔탈리즘의 관계를 한번 되짚어볼 필요가 있을 것이다. 어떤 이들은 현 시대를 새로운 축의 시대로 본다. 즉, 그것은 유럽의 계몽운동과 관련된 거대한 보편적 기획이 이제 종말을 맞으면서, 전 지구적 힘의 받침점이 서양에서 동양으로 이행되고 있는 현상에 주목한다. 르네상스기에 일어났던 동양에서 서양으로 힘의 전환이 이제 역전되고 있는 과정인 것이다. 대서양에서 태평양으로 지리-정치적인 초점이 이행하고, 일본, 한국, 싱가포르, 대만의 경제가 급성장하고, 중국과 인도가 다시 세계적 강국으로 부상하는 등의 이러한 현상들은 동양의 위대한 문명이 다시 부흥의 과정에 접어들었음을 암시하는 것이다.

그렇다면 이세 21세기 새로운 시내의 오리엔탈리즘에 새로운 명칭을 부여하는 것도 필요한 시점이 된 것 같다. 나는 그것을 '포스트오리엔탈리즘'이라고 명명하고 싶다. 혹은 또 그것을 무엇이라 부를지라도 이 특수한 사상의 만남이 더 이상 특수하게 서구적 이익과 역사적 선례에 전제를 둔 배타적으로 유럽적인 기획일 수만은 없고, 확실히 어떤 의미에서도 더 이상 제국주의자의 기업일 수 없음은 분명하다. 그것은 인간의 오랜 대화에서 진실로 전 지구적 해석학의 새롭고도 기념비적인 단계를 구축하는 데 대한 공헌으로 보아야 할 것이다. 동양과 서양은 서로 자신의 문화적 정체성을 유지하면서, 또한 스스로의 한계를 인식하고 상호 보완적으로 현대사회와 세계의 모순과 병폐를 치유할 수 있는 문화를 함께 창조해가야 할 것이다.

# 주 ——

1) 샤토브리앙은 북아메리카를 여행한 뒤 1805년부터 1806년까지 평소의 염원이었던 성지순례를 목적으로 동양여행을 하고 이에 대해 여행기로 집필한 것이 『파리에서 예루살렘으로, 예루살렘에서 파리로의 여행』(*Itinéraire de Paris à Jérusalem, et de Jérusalem à Paris*; 1810~1811)이라는 제목의 동양여행기이다.

2) 야만인은 천성적으로 선하고 그들이 설사 악을 나타낸다 하더라도 그것은 타락한 문명과 사회의 산물이라는 관념이다. 몽테뉴는 그의 에세이 「식인종에 대해서」(1580)에서 그 기본개념을 설명했고, 영국여류작가 아프라 벤(Aphra Behn; 1640~89)은 그녀의 소설 『오루노코: 혹은 고귀한 노예 이야기』(*Oroonoko: or the History of the Royal Slave*; 1678)에서 쇠사슬에 묶인 고상한 야만인을 묘사했다. 그러나 자연적 고귀성의 원리에 대한 가장 큰 영향을 준 것은 루소의 『에밀』(*Émile*; 1762)이었다. 거기서 그는 "만물은 창조자의 손에서 나와 신선한 모습일 때가 좋고, 인간의 손을 거치면 타락한다"고 선언했다. 그러한 관념은 그 뒤 낭만주의에서 보편적인 관념이 되었다.

3) 아내의 순사(殉死), 옛날 인도에서 남편의 시체와 함께 아내를 산 채로 불에 태워 죽이던 관습을 말한다.

4) 인도의 베단타(Vedanta) 또는 베단티즘(Vedantism), 범신론적이고 관념론적인 일원론. 우파니샤드 철학의 정통이라 자부하고 샹카라(Shankara) 이후 성행한 인도철학의 주류이다.

5) 개아(個我)와 우주아(宇宙我)의 일치를 주장하는 고대 힌두교의 일원론적 사상이 심오하게 담겨 있는 철학책으로서 인도의 철학, 종교, 사상의 근원이 되는 베다(Veda) 문학의 후기 작품.

6) 19세기 초 영국의 호반지역(잉글랜드 서북부 웨스트모어랜드, 컴버랜드 및 랜커셔에 걸친 경치가 좋고 호수가 많은 산악지역)에 살았던 워즈워스(Wordsworth, 콜리지(Coleridge), 사우디(Southey) 등의 낭만 시인들을 일컫는 명칭.

7) 『마하바라타 *Mahabharata*』와 함께 고대 인도의 2대 서사시의 하나이며, 라마찬드라(Ramachandra)가 주인공이다.

8) 인도 힌두교에서 비슈누(Vishnu)신의 화신. 『바가바드 기타』에서 아르주나(Arjuna)의 스승으로 나타나는데, 힌두교 신들 가운데 가장 인기 있는 신들 중 하나이다.

9) 기원전 2세기에서 기원후 2세기 사이에 번성했던 고대 유대교 팔레스티나 종파의 구성원을 가리키는 말인데, 그들은 금욕과 독신 생활과 재산의 공동소유를 특징으로 하며, 육체적, 정신적 순결과 경건심과 영혼의 풍요를 주창했다.

10) 바그너가 악극(music drama)에서 보여준 혁신적 이론과 실천 및 그 영향을 의미하는데, 그는 과거의 이탈리아식 오페라 이론과 실천에서 벗어나 음악적, 연극적 흐름의 지속성을 강조하고, 오케스트라의 기능을 강조하며, 라이트모티프를 널리 사용하는 등의 혁신을 보여주었다.

# 참고문헌 ──

르누아르 & 프레데릭, 양영란 옮김, 『불교와 서양의 만남』, 서울: 세종서적, 2002.

이옥순, 『우리 안의 오리엔탈리즘』, 서울: 푸른역사, 2002.

나카사와 가즈토시(長澤和俊), 민병훈 옮김, 『동서문화의 교류』, 서울: 민족문화사, 1997.

Batchelor, S. *The Awakening of the West: The Encounter of Buddhism and Western Culture.* London: HarperCollins, 1994.

Breckenridge, C. and van der Veer, P. eds. *Orientalism and the Postcolonial Predicament. Philadelphia*, Penn.: University of Philadelphia Press, 1993.

Clarke, J. J. *Oriental Enlightenment: The Encounter between Asian and Western Thought.* London and New York: Routledge, 1997.

Cuddon, J. A. *A Dictionary of Literary Terms and Literary Theory, 3rd Edition.* Oxford, UK: Blackwell, 1991.

Edwardes, M. *East-West Passage: The Travel of Ideas, Arts and Inventions between Asia and the Western World.* London: Cassell, 1971.

Halbfass, W. *India and Europe: An Essay in Understanding.* Albany, NY: State University of New York Press, 1988.

Harlow, Barbara & Mia Carter. ed and intrd. *Imperialism & Orientalism: A Documentary Sourcebook.* Malden, Mass: Blackwell, 1999.

Jacobson, N. P. *Buddhism and the Contemporary World: Change and Self-Correction.* Carbondale and Edwardsville, Ill.: Southern Illinois University Press, 1983.

Jung, Carl G. *Modern Man in Search of a Soul.* London: Routledge & Kegan Paul, 1961.

____. *Psychology and the East,* London: Routledge & Kegan Paul, 1978.

Kern, Robert. *Orientalism, Modernism, and the American Poem.* Cambridge University Press, 1996.

Kerouac, J. *The Dharma Bums.* New York: Viking, 1959.

Lowe, Lisa. *Critical Terrains: French and British Orientalisms.* Ithaca, NY: Cornell University Press, 1991.

Marshall, P. J. ed. *The British Discovery of Hinduism in the Eighteenth Century.* Cambridge: Cambridge University Press, 1970.

Palmer, M. *The Elements of Taoism.* Shaftesbury: Element, 1991.

Prebish, C. S. *American Buddhism.* North Scituate, Mass.: Duxbury, 1979.

Qian, Zhaoming. *Orientalism and Modernism.* Durham and London: Duke University Press, 1995.

Roszak, T. *The Making of the Counter-Culture.* London: Faber & Faber, 1970.

Said, Edward W. *Orientalism.* New York: Vintage, 1979.

Schopenhauer, A. *The World as Will and Representation,* 3vols. New York: Dover, 1969.

Schwab, R. The *Oriental Renaissance: Europe's Rediscovery of India and the East 1680-1880.* New York: Columbia University Press, 1984.

Toynbee, Arnold. *Civilization on Trial.* London: Oxford University Press, 1948.

Tweed, T. A. *The American Encounter with Buddhism 1844-1912.* Bloomington, Ind.: Indiana University Press, 1992.

Versluis, Arthur. *American Transcendentalism and Asian Religions.* New York and Oxford: Oxford University Press, 1993.

Wilson, A. L. A *Mythical Image: The Ideal of India in German Romanticism.* Durham: Duke University Press, 1964.

Windschuttle, Keith. "Edward Said's Orientalism Revisited".

(http://www.newcriterion.com/archive/17/jan99/said.htm)

Yu, Beongcheon. *The Great Circle: American Writers and the Orient.* Detroit: Wayne State University Press, 1983.

프랑스엔 〈크세주〉, 일본엔 〈이와나미 문고〉,
한국에는 〈살림지식총서〉가 있습니다.

📗 전자책 | 🔍 큰글자 | 🔊 오디오북

# 오리엔탈리즘의 역사

| 펴낸날 | 초판 1쇄 2003년 6월 30일 |
| | 초판 12쇄 2020년 7월 10일 |

| 지은이 | 정진농 |
| 펴낸이 | 심만수 |
| 펴낸곳 | (주)살림출판사 |
| 출판등록 | 1989년 11월 1일 제9-210호 |

| 주소 | 경기도 파주시 광인사길 30 |
| 전화 | 031-955-1350 팩스 031-624-1356 |
| 홈페이지 | http://www.sallimbooks.com |
| 이메일 | book@sallimbooks.com |

| ISBN | 978-89-522-0112-6 04080 |
| | 978-89-522-0096-9 04080 (세트) |

## 089 커피 이야기 `eBook`

김성윤(조선일보 기자)

커피는 일상을 영위하는 데 꼭 필요한 현대인의 생필품이 되어 버렸다. 중독성 있는 향, 마실수록 감미로운 쓴맛, 각성효과, 마음의 평화까지 제공하는 커피. 이 책에서 저자는 커피의 발견에 얽힌 이야기를 통해 그 기원을 설명한다. 커피의 문화사뿐만 아니라 커피에 대한 일반적인 정보 및 오해에 대해서도 쉽고 재미있게 소개한다.

## 021 색채의 상징, 색채의 심리

박영수(테마역사문화연구원 원장)

색채의 상징을 과학적으로 설명한 책. 색채의 이면에 숨어 있는 과학적 원리를 깨우쳐 주고 색채가 인간의 심리에 어떤 작용을 하는지를 여러 가지 분야의 사례를 통해 설명한다. 저자는 색에는 나름대로의 독특한 상징이 숨어 있으며, 성격에 따라 선호하는 색채도 다르다고 말한다.

## 001 미국의 좌파와 우파 `eBook`

이주영(건국대 사학과 명예교수)

진보와 보수 세력의 변천사를 통해 미국의 정치와 사회 그리고 문화가 어떻게 형성되고 변해왔는지를 추적한 책. 건국 초기의 자유방임주의가 경제위기의 상황에서 진보-좌파 세력의 득세로 이어진 과정, 민주당과 공화당의 대립과 갈등, '제2의 미국혁명'으로 일컬어지는 극우파의 성장 배경 등이 자연스럽게 서술된다.

## 002 미국의 정체성 10가지 코드로 미국을 말하다 `eBook`

김형인(한국외대 연구교수)

개인주의, 자유의 예찬, 평등주의, 법치주의, 다문화주의, 청교도 정신, 개척 정신, 실용주의, 과학·기술에 대한 신뢰, 미래지향성과 직설적 표현 등 10가지 코드를 통해 미국인의 정체성과 신념을 추적한 책. 미국인의 가치관과 정신이 어떠한 과정을 통해서 형성되고 변천되어 왔는지를 보여 준다.

## 058 중국의 문화코드

강진석(한국외대 연구교수)

중국의 핵심적인 문화코드를 통해 중국인의 과거와 현재, 문명의 형성 배경과 다양한 문화 양상을 조명한 책. 이 책은 중국인의 대표적인 기질이 어떠한 역사적 맥락에서 형성되었는지 주목한다. 또한, 구체적이고 실제적인 여러 사물과 사례를 중심으로 중국인의 사유방식에 대해 설명해 주고 있다.

## 057 중국의 정체성  eBook

강준영(한국외대 중국어과 교수)

중국, 중국인을 우리는 과연 어떻게 이해해야 하나? 우리 겨레의 역사와 직·간접적으로 끊임없이 영향을 주고받은 중국, 그러면서도 아직까지 그들의 속내를 자신 있게 말할 수 없는, 한편으로는 신비스럽고, 한편으로는 종잡을 수 없는 중국인에 대한 정체성을 명쾌하게 정리한 책.

## 015 오리엔탈리즘의 역사  eBook

정진농(부산대 영문과 교수)

동양인에 대한 서양인의 오만한 사고와 의식에 준엄한 항의를 했던 에드워드 사이드의 오리엔탈리즘. 이 책은 에드워드 사이드의 이론 해설에 머무르지 않고 진정한 오리엔탈리즘의 출발점과 그 과정, 그리고 현재와 미래의 조망까지 아우른다. 또한 오리엔탈리즘이 사이드가 발굴해 낸 새로운 개념이 결코 아님을 역설한다.

## 186 일본의 정체성  eBook

김필동(세명대 일어일문학과 교수)

일본인의 의식세계와 오늘의 일본을 만든 정신과 문화 등을 소개한 책. 일본인을 지배하는 이데올로기는 무엇이고 어떤 특징을 가지는지, 일본을 주목해야 하는 이유는 무엇인지 등이 서술된다. 일본인 행동양식의 특징과 토착적인 사상, 일본사회의 문화적 전통의 실체에 대한 분석을 통해 일본의 정체성을 체계적으로 살펴보고 있다.

### 261 노블레스 오블리주 세상을 비추는 기부의 역사

예종석(한양대 경영학과 교수)

프랑스어로 '높은 사회적 신분에 상응하는 도덕적 의무'를 뜻하는 노블레스 오블리주. 고대 그리스부터 현대까지 이어지고 있는 노블레스 오블리주의 역사 및 미국과 우리나라의 기부 문화를 살펴보고, 새로운 시대정신으로 노블레스 오블리주를 부활시킬 수 있는 가능성을 모색해 본다.

---

### 396 치명적인 금융위기, 왜 유독 대한민국인가 eBook

오형규(한국경제신문 논설위원)

이 책은 전 세계적인 금융 리스크의 증가 현상을 살펴보는 동시에 유달리 위기에 취약한 대한민국 경제의 문제를 진단한다. 금융안정망 구축 방안과 같은 실용적인 경제정책에서부터 개개인이 기억해야 할 대비법까지 제시해 주는 이 책을 통해 현대사회의 뉴노멀이 되어 버린 금융위기에서 살아남는 방법을 확인해 보자.

---

### 400 불안사회 대한민국, 복지가 해답인가 eBook

신광영(중앙대 사회학과 교수)

대한민국 사회의 미래를 위해서 복지는 선택이 아니라 필수라고 말하는 책. 이를 위해 경제 위기, 사회해체, 저출산 고령화, 공동체 붕괴 등 불안사회 대한민국이 안고 있는 수많은 리스크를 진단한다. 저자는 사회적 위험에 대응하기 위한 복지 제도야말로 국민 모두의 삶의 질을 높일 수 있는 길이라는 것을 역설한다.

---

### 380 기후변화 이야기 eBook

이유진(녹색연합 기후에너지 정책위원)

이 책은 기후변화라는 위기의 시대를 살면서 우리가 알아야 할 기본지식을 소개한다. 저자는 기후변화와 관련된 핵심 쟁점들을 모두 정리하는 동시에 우리가 행동해야 할 실천적인 대안을 제시한다. 이를 통해 독자들은 기후변화 시대를 사는 우리가 무엇을 해야 할 것인지에 대하여 생각해 볼 수 있을 것이다.

# 사회 · 문화

**eBook** 표시가 되어있는 도서는 전자책으로 구매가 가능합니다.

(주)사림출판사
www.sallimbooks.com
주소 경기도 파주시 문발동 522-1 | 전화 031-955-1350 | 팩스 031-955-1355